电商创意设计修炼之路

老 单 小 懒 圣淘电商学院 编著

電子工業出版社
Publishing House of Electronics Industry
北京·BEIJING

内容简介

在电商设计的红海中，每年都会出现一些让人耳目一新的流行设计趋势，这些新颖的流行趋势相继被各大网站页面采用。但是对于电商来说，产品是内功，页面优化设计是外功，内功 + 外功才能让产品的价值发挥到极致。大多数人认为今天的电商越来越难做了，尤其是淘系电商。但在淘系电商的蓝海中，每年都会有很多新的店铺应运而生。当我们去浏览这些脱颖而出的店铺时，不难看出，他们都有过硬的产品，以及具有鲜明视觉冲击力的页面设计。本书结合实际经典案例，充分向读者展现电商设计的各大技巧。

本书通过大量实操案例，并结合理论知识进行分析，向读者传达了一种新的成长理念，循序渐进地向读者传达了电商设计中的有关知识，让读者在学习、欣赏的过程中丰富自己的设计创意并提高动手制作能力。本书适合从事平面设计的专业人士阅读，也可以作为平面设计和视觉传达设计专业院校的教材，供学生和教师阅读参考。

图书在版编目（CIP）数据

电商创意设计修炼之路 / 老单，小懒编著 . -- 北京 : 电子工业出版社，2016.5

ISBN 978-7-121-28253-9

Ⅰ . ①电… Ⅱ . ①老… ②小… Ⅲ . ①电子商务－商业经营 Ⅳ . ① F713.36

中国版本图书馆 CIP 数据核字 (2016) 第 042557 号

责任编辑：田　蕾
印　　刷：北京天宇星印刷厂
装　　订：北京天宇星印刷厂
出版发行：电子工业出版社
　　　　　北京市海淀区万寿路 173 信箱　　邮编：100036
开　　本：720×1000　1/16　印张：10.5　字数：268.8 千字
版　　次：2016 年 5 月第 1 版
印　　次：2016 年 8 月第 2 次印刷
定　　价：49.00 元

凡所购买电子工业出版社图书有缺损问题，请向购买书店调换。若书店售缺，请与本社发行部联系，联系及邮购电话：（010）88254888，88258888。
质量投诉请发邮件至 zlts@phei.com.cn，盗版侵权举报请发邮件至 dbqq@phei.com.cn。
服务热线：（010）88254161 ～ 88254167 转 1897。

前　言

随着电商行业的飞速发展，互联网产品已经渗透到我们生活的各个领域，产品性能进一步提升，功能也越来越复杂，所以对于用户体验性页面的表达要求也越来越高，所有这些都给电商设计师带来越来越多的压力。很多朋友都在讨论如何才能做出更好的电商设计作品，其实这并不是一个那么容易回答的问题，一个优秀的设计师除了具备良好的绘画功底与审美之外，还需要了解自己的客户、了解自己的产品，这对设计师们的考验就会更严苛。从什么都不懂到了解行业并且为客户解决问题，这些经历都不停地在每位设计师身上上演着……慢慢地我们懂得了一个成熟的设计师除了扎实的视觉表现基本功之外，更需要良好的口才与优秀的沟通能力，我们不只是一个简单的执行者，甚至有时我们责任重大，升级为问题的解决者。

本书章节安排

本书内容浅显易懂，从新手设计师的成长要素出发，向读者传达了一种新的成长理念，专业的理论知识讲解与精美案例展示的完美结合，循序渐进地向读者传达了电商设计中的相关知识，让读者在学习、欣赏的过程中丰富自己的设计创意并提高动手制作能力。本书章节安排如下：

Chapter 1 电商新人设计者如何快速成长。介绍了从建立自己的素材库、收集分析案例，到小试牛刀地分析用户需要、熟悉设计整体流程、编写合适的文案，以及分享与活到老学到老的精神，使读者对如何开启电商设计的生涯有了更加深入的了解和认识。

Chapter 2 电商黄金构图法。一个页面从简单到丰满，需要设计师对整个页面有全盘的把控能力，用户甚至不用浏览具体内容就能了解这个页面的很多信息。依照这样的前提，本章介绍了5大电商当下热门的构图原理，让读者快速掌握热门电商平面设计构图原理和排版布局方式。

Chapter 3 恋上花样色彩。色彩本身就是一种极具生命力和塑造性的元素，一个相同架构的网页设计能在不同的颜色映衬下渲染出不同的意义和气氛，每一种色彩都寄托着不同的情感，这也许就是色彩的魅力所在。本章从色彩的定义、种类、属性、名词的理论知识出发，让读者重新了解色彩，并结合精美案例，循序渐进地讲解色彩

搭配的有关知识，给读者一种更强烈的色彩搭配理念。

Chapter 4 摄魂文案成熟记。如果图片是那一件透明纱，那么，文字就该是穿这件纱的美人。只有图片与文案虚实结合，方能相得益彰，两相配合，才能施展诱惑之力，促进点击、咨询、转化。本章从 10 个文案要点，向读者传达了撰写电商文案的技巧，通过理论知识和实际案例的精美配合，充分让读者明白电商文案的具体表现形式。

Chapter 5 时尚视觉摩登轨迹。成功的视觉引导，能让用户的浏览轨迹非常流畅。如果界面让人感觉挤、紧张、忙，就是有问题的。本章通过当代新颖的视觉营销案例，向读者展现了制作流畅的视觉轨迹的要点。

Chapter 6 三招征服创意海报。设计一张具有视觉冲击力的海报并不是一件天大的难事，关键是要使用具有冲击力的图片及在版面中能够产生强烈对比。当然，还有很多重要的细节不能忽略。本章介绍了海报设计三要素、海报设计应保持的原则等理论知识，并结合精美实践案例，使读者轻松掌握海报设计的要点。

Chapter 7 高点击率推广图。推广图能吸引大量的点击，将搜索量精准地转化为宝贝的流量，为宝贝的成交量奠定一个坚实的基础。一张优秀的推广图，能使我们的宝贝和店铺在淘宝激烈的竞争中脱颖而出，无论是推广店铺，还是推爆款，推广图都起着重要的作用。本章介绍了推广图构图种类、推广图特点等理论知识，并结合精彩案例向读者传达如何简单、正确地制作一张高点击率的推广图。

Chapter 8 高转化详情页技巧。淘宝店的宝贝详情页设计是直接决定交易能否达成的关键因素。宝贝详情页怎样才能具有吸引力，怎样才能抓住消费者的心理呢？本章从 16 大方面准确、具体地介绍了制作产品详情页的技巧，向读者传达了制作产品详情页的技巧，让读者掌握灵活设计的方法，以及具体的表现形式。

Chapter 9 把控跳失率，拒绝“裸奔”首页。从首页的布局中就能看出一个设计师的设计水准，以往的首页布局大家都会依照黄金比例的原则去排版设计，所以大多数网页的首页都千篇一律。本章向读者介绍了首页排版与规划要点，使读者掌握电商首页界面的设计方法，并了解首页界面的多种设计特点和风格。

本书特点

◆ 全书内容丰富、条理清晰，通过 9 章的内容，为读者全面、系统地介绍了电商设计知识，以及设计的方法和技巧，采用理论知识和案例相结合的方法，使知识融会贯通。

◆ 语言通俗易懂，精美案例图文同步，涉及大量时下优秀设计作品案例，带领读者走近电商设计师的世界。

◆ 实例涉及面广，几乎涵盖了电商设计中各个领域，每个领域下通过大量的理论技巧和精美案例，帮助读者掌握领域中的专业知识点。

◆ 注重设计知识点和案例技巧的归纳总结，使读者更好地对知识点进行归纳吸收。

本书读者对象

本书适合有一定电商设计基础、Photoshop 软件操作基础的设计初学者，以及设计爱好者阅读，也可以为一些设计制作人员及相关专业的学习者提供参考。

本书由圣淘小懒编写，另外圣淘老单、圣淘电商学院、黄蜂网、昵图网、花瓣网、等也为此书编写提供了各种帮助。书中难免有错误和疏漏之处，希望广大读者朋友批评、指正。

编　者

目 录

Chapter 1
电商新人设计者如何快速成长

Chapter 2
电商黄金构图法

Chapter 5
时尚视觉摩登轨迹

Chapter 6
三招征服创意海报

Chapter 7
高点击率推广图

Chapter 8

高转化详情页技巧

Chapter 9

把控跳失率，拒绝“裸奔”首页

Chapter 1
电商新人设计者如何快速成长

大家好，当我们初入一个新鲜行业的时候，对于这个领域的未知和担心都是有的。但我们抱着对行业的喜爱或兴趣打算深入探索的时候，那些未知的担心和恐惧就已经不重要了。电商领域的飞速发展，同时也带动了一批电商设计师的崛起，他们或许是各领域中优秀的网页设计者，或者是随着电子商务的洪流不断成长起来的设计新人，他们见证了电子商务的发展和崛起，他们追随着电子商务的脚步不断壮大。那么，可能很多新人就要问了，这些电商设计的前辈、高手都是如何成长起来的呢？他们是如何让自己快速进步的呢？

首先，我想那些电商设计前辈、高手初入电子商务行业时的心情和你现在是一样的，或许迷茫，或许无助，但是那些都不是他们给自己放弃的理由。初入一个新的领域，最开始绝不能缺少的就是了解——行业的基础知识、行业最新动态、行业大方向。另外电商设计师不可缺少的一项就是审美，新人朋友们可能会有疑问了，“审美”到底是什么？要解决这个问题，首先应该明确什么是美。美是能够使人们感到愉悦的一切事物，它包括客观存在和主观存在。这个问题提得准确，应该深入揭示美的内涵。但是，认为美是能够使人们感到愉悦的一切事物，并不准确，不应该是使人们感到愉悦的一切事物，应该是其中的一部分事物。所以，美是事物促进和谐发展的客观属性与功能激发出来的主观感受，是这种客观实际与主观感受的具体统一。事物具有促进和谐发展的属性与功能是自然美；加工事物使它形成促进和谐发展的属性与功能是创造美；促进和谐发展的思想与情感是心灵美；创造和谐发展的行为与实践是行为美；追求和谐发展的精神是内在美；有利于和谐发展的仪表是外在美。要努力开发自然美、积极创造美、弘扬心灵美、实践行为美、培养内在美、修饰外在美。人的审美追求，在于提高人的精神境界，促进与实现人的发展；在于促进和谐发展，创建和谐世界；在于使这个世界因为有我而变得更加美好。这是和谐审美观的基本观点。

明白了什么是“审美”，可能有些新人们会说：“亲，你说得好复杂啊！那审美能力也不是一天两天可以养成的，那该怎么办呢？”别着急，其实审美也是可以靠后天慢慢培养的。那么，具体该如何培养自己的审美能力呢？接下来，我们就来详细地说说。

1.1 创建你的素材数据宝库

素材数据宝库该如何建立呢？发现和收集。前期当然是不断地查看各个类目、各个产品的设计页面，或者是网页设计，从中会筛选出自己喜爱的页面，并加以分类。对于分类我们可以按照风格来具体划分。

例如：女装设计分类，就可以具体分化为，甜美类、金属摇滚类、天然棉麻类、文艺小清新类、时尚 OL 类、韩国原创类、明星同款类、原创淘品牌类、大牌类等。

具体怎么细分，还要看你的个人喜好，只要可以在第一时间找到适合的风格来寻找灵感，并且能给与借鉴就可以了。

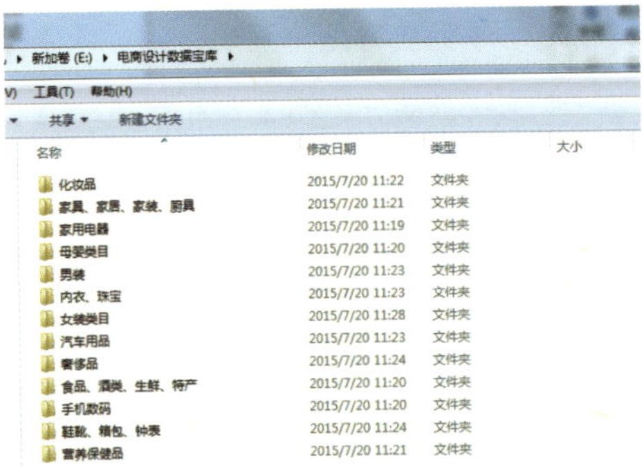
▸ 新加卷 (E:) ▸ 电商设计数据宝库 ▸
工具(T) 帮助(H)
共享 ▾ 新建文件夹

名称	修改日期	类型	大小
化妆品	2015/7/20 11:22	文件夹	
家具、家居、家装、厨具	2015/7/20 11:21	文件夹	
家用电器	2015/7/20 11:19	文件夹	
母婴类目	2015/7/20 11:20	文件夹	
男装	2015/7/20 11:23	文件夹	
内衣、珠宝	2015/7/20 11:23	文件夹	
女装类目	2015/7/20 11:28	文件夹	
汽车用品	2015/7/20 11:23	文件夹	
奢侈品	2015/7/20 11:24	文件夹	
食品、酒类、生鲜、特产	2015/7/20 11:20	文件夹	
手机数码	2015/7/20 11:20	文件夹	
鞋靴、箱包、钟表	2015/7/20 11:24	文件夹	
营养保健品	2015/7/20 11:21	文件夹	

▸ 新加卷 (E:) ▸ 电商设计数据宝库 ▸ 女装类目 ▸
工具(T) 帮助(H)
共享 ▾ 新建文件夹

名称	修改日期	类型	大小
顶尖大牌类	2015/7/20 11:27	文件夹	
个性街头类	2015/7/20 11:28	文件夹	
韩国原创类	2015/7/20 11:26	文件夹	
金属摇滚类	2015/7/20 11:25	文件夹	
明星同款类	2015/7/20 11:27	文件夹	
时尚OL类	2015/7/20 11:26	文件夹	
甜美类	2015/7/20 11:25	文件夹	
文艺小清新类	2015/7/20 11:25	文件夹	
原创淘品牌类	2015/7/20 11:27	文件夹	

创建了我们的素材数据库就够了吗？不，接着往下看。

1.2 分析数据

创建了素材数据库之后，就需要进一步分析我们所收集的素材。分析素材可能是大多数新人都会忽略的一步。不要小看分析，分析素材的同时也在提升着我们的审美。分析你收藏的设计作品，你为什么要收藏这个设计作品？无论是设计中的排版布局，还是文字的使用，或是一句精彩的文案，也可能是独特的视觉呈现。一定有其中的一点吸引着你，才会被你收藏下来。针对不同风格的类目进行单独的分析，自己观察每个细节，打开你发现未知的眼光，你就会在每一个作品中学到自己不曾注意的小点。当然可以自己写一份分析小笔记，毕竟好记性不如烂笔头。

图为《爸爸去哪儿》第三季海报
特点：1. 文案 跨过地球 穿越时空 出来嗨
2. 字体 华康海报体 很容易让人联想到孩子的外形特征，呆萌、可爱
3. 排版 上半部分的海洋背景+底部的家庭场景+居家服
突出“跨越地球、穿越时空 出来嗨”的主题。

1.3 明确设计产品的目标客户群，了解掌握买家心理

交互设计作为典型的目标导向型设计，越接近目标，也就越能得到最终方案。那么，在设计之初明确设计目标和了解你的目标客户群体就显得尤为重要。什么是设计方案的评判标准呢？举一个浅显的例子，任何一个比赛都要先说明主题和缘由，为了什么而比赛，不然就变成了天马行空无从评判。但实际情况中，往往没有特别明确的设计目标，此时就需要设计者自己理解和挖掘了。要从人文角度、文化角度、客户体验角度、眼球角度、演绎角度去思考。

下面我们举一个例子具体说明一下。

产品：某品牌猪饲料

➢人文角度

➢文化角度

➢客户体验角度

➢眼球角度

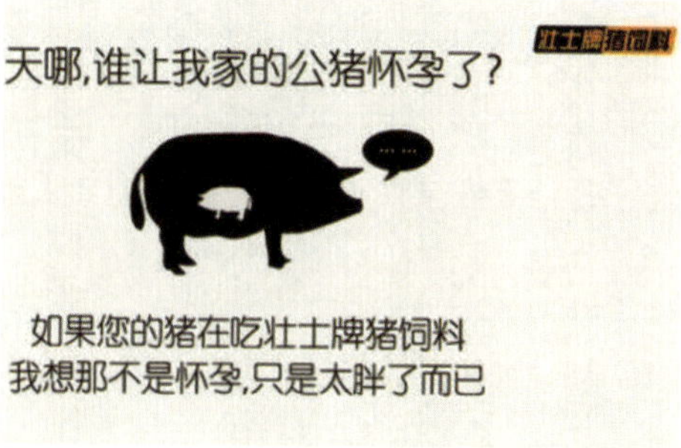

➢演绎角度

以上我们所说的往往称为“痛点”，找到并移情用户，找到真正痛点才能真正满足用户需求。对于明确目标客户群、从多角度深挖用户需求，对需求理解越透彻就会越容易接近最终的设计方案。

1.4 分享设计、学会聆听他人的意见、虚心学习

分享自己的设计作品本身就是自我提升的第一步，阐述自己所学是整理与回顾的过程。虽然无法从中直接获得新技能与水平的提升，却能让一味赶路的自己停下脚步，慢慢吸收其中的精华。此时，我们需要化身为一头牛，默默地反刍。分享所得的收获，往往是一些很抽象或者细枝末节的东西，这都是在书本与教程中不会出现的，万万不可错过。

可见，要当好设计师是多不容易的事情。不过它的魅力就在于力克艰难险阻后，看见的那道破晓光芒。

设计是一门理性与感性、科学与艺术相融合的学科，如何自如地穿梭在两种思维模式中，让别人认可方案是我们每天都在思考的问题。养成良好的习惯，每天的沉淀、学习、反复思考，让自己一直存在饥饿感，我相信未来的你们一定会做得更好！

知名品牌 Bottega Veneta 的创意总监托马斯·马耶尔（Tomas Maier）说“你要积极进取才能赢，向危机宣战吧！”这句话也同样给了新人一针镇静剂，他说的不是

作品的鲁莽表现形式，而是真诚、虚心学习的创意态度。

设计既是一门科学也是一门艺术。设计工作一半基于正确的编程和设计技巧，另一半则基于是否对美与不美有着直觉般的敏锐度。一名称职的页面设计师一定要熟练掌握核心基础能力和勇于创新的能力，才能在同行中做到出类拔萃。

作为新人，不能光想着一口吃成胖子。诚然，经验的财富是无可替代的，但是优秀的教育，不论是正规教育还是非正规教育，也能带来巨大的帮助。同时，还强烈建议大家不断挑战自己，走出自己的舒适区，迎战新的领域。而这就是区别不断苦苦找客户，与客户主动找上门的关键所在。

1.5 电商新手设计者应该具备的基础能力

下面是作为优秀的电商设计师所必须掌握，并且能够帮助他们达到超群水平的基础能力。这些基础能力不一定都是技术和软件技巧层面的。

1.5.1 熟悉电商整体设计流程

电商设计有时会与网页设计重叠，所以说，不同种类的设计有时候是非常相似的。这也就是为什么作为一名以自己作品为骄傲的电商设计者也需要多少学一些通用的基本设计流程知识的原因。

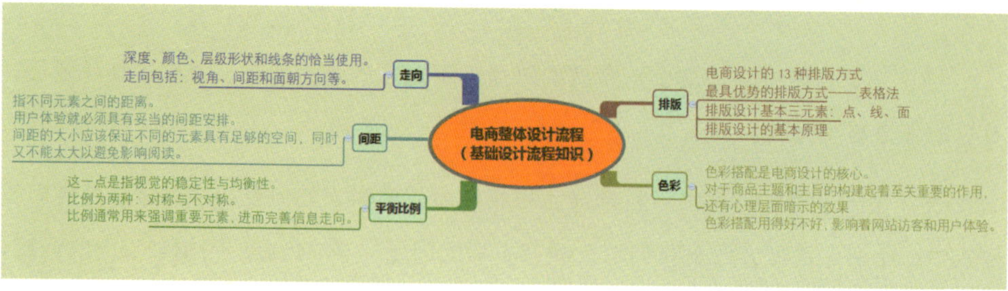

1.5.2 对电商设计代码的基本了解

有些设计师觉得不会写代码也无所谓，但也有的人坚定认为了解如何写代码是作为合格网页设计师所必需的。我认为，要作为一名面面俱到的设计师，至少要了解最基本的代码知识，这是起码的！

```

	function vrImgHandleLoad552(obj,width,height){
		calImg(obj);
		obj.style.visibility = "visible";
		function calImg (that){
			if (that.height == 0){
				setTimeout(function (){
					calImg(that);
				}, 50);
				return;
			}
			if(width != that.width){
				var pos = Math.floor((that.width - width)/2);
				obj.style.marginLeft = (-pos) + "px";
			}
			if(height != that.height){
				var pos = Math.floor((that.height - height)/2);
				obj.style.marginTop = (-pos) + "px";
			}
		}
	}

	function vrImgHandleError552(obj,width,height){
		var defaultImage = '/images/wx/120-80.png';
		if (width == 57) {
			defaultImage = '/images/wx/56-56.png';
		} else if (width == 90) {
			defaultImage = '/images/wx/88-88.png';
		} else if (width == 120) {
			defaultImage = '/images/wx/120-80.png';
		} else if (width == 70) {
			obj.parentNode.parentNode.style.display = "none";
		}
		obj.src=defaultImage;
		obj.style.visibility = "visible";
		obj.style.marginLeft = "0px";
		obj.style.marginTop = "0px";
	}

	function vrTimeHandle552(time){
		if (time) {
			var type = ["1分钟前", "分钟前", "小时前", "天前", "周前", "个月前", "年前"], secs = now/1000 - parseInt(time,10);
			if(secs < 60){
				return type[0];
			}else if(secs < 3600){
				return Math.floor(secs/60) + type[1];
			}else if(secs < 24*3600){
				return Math.floor(secs/3600) + type[2];
			}else if(secs < 24*3600 *7){
				return Math.floor(secs/(24*3600)) + type[3];
			}else if(secs < 24*3600*31){
				return Math.round(secs/(24*3600*7)) + type[4];
			}else if(secs < 24*3600*365){
				return Math.round(secs/(24*3600*31)) + type[5];
			}else if(secs >= 24*3600*365){
				return Math.round(secs/(24*3600*365)) + type[6];
			}else {
```

HTML 是所有网页的最基本构成框架，所以设计师务必学习相关知识。了解 HTML 就能让你的设计更具有目的性，同时更注重实用性。如果你能了解基本的代码，就能为自己所设计的网站创建模型。这样一来，相比其他不懂代码的设计师，在你推销服务的时候就更具优势，同时也能对自己设计能力的边界有着更深入的掌握。

1.5.3 掌握撰写营销文案

作为一名电商设计者，你要做的不能局限于设计，有时候还需要撰写文案，特别是在你没有合作的文案撰写人的时候。你可以这么想：一名同时具有优秀文案撰写能力的设计师对客户来说会更具有吸引力，同时也能得到更高的报酬。文案是用来营销的，所以一则好的营销文案可以起到四两拨千斤的作用。

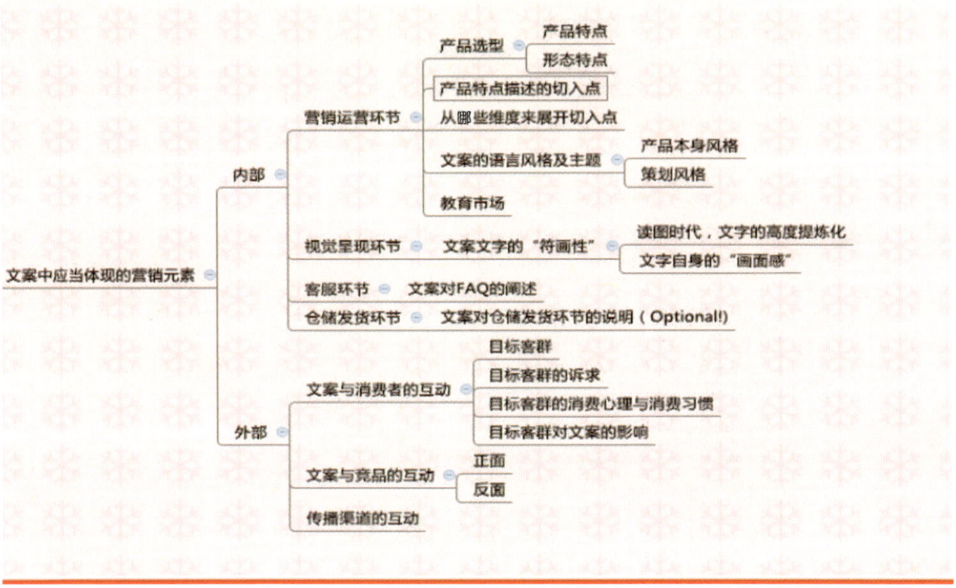

1.5.4 “学而不思则罔，思而不学则殆”的精神

“天外有天，人外有人”，是所有网页设计师都应牢记的一句话。不断学习新知识、新技巧，能让你不断震慑客户、拓展你的创意、提高你的技能，进而从整体上提高你对设计的热忱。

不断虚心学习的最大原因之一，就是电商设计领域不断涌现的新趋势。闭眼回想一下过去几年里那些耳熟能详的电商设计趋势：大背景、一屏展现、滚动轮播等，学习是不能停的。不停地学习可以让你始终站在潮流最前沿，让你成为面貌俱到的优秀设计工作者。

1.5.5 达到自己的网页设计顶点

不论在什么行业，达到职业生涯的巅峰都是最根本的目标。这不是一两天甚至一两年所能实现的，但只要有持之以恒的决心和不断地进步就一定能达到。如果你对自己的作品满怀热情，就会不自觉、潜移默化地进入这种状态，当然，你也可以采用一些办法加速这一进程。

但是，关键就是你要做到面面俱到，让自己实现圆满。不要让自己所做的工作局限在设计上，这是成为一名更加优秀设计师的关键，同时也是你成为设计大师的起点。

「想要成为一名优秀的电商设计者，不是一天两天的事儿，需要持之以恒的毅力和不断学习、不断反思、不断创新的精神。」

最后祝福所有在设计道路上不断前行的小伙们越走越好，把莫棋凯这段“为设计代言的设计体”，送给所有的电商设计师们。

你看见的是一张平面，

却没看见平面的几万根线；

你有你的想法，

我有我的理念；

你否定我的平面，

我决定我的世界；

你嘲笑我方案一文不值不配出手，我可怜你不懂设计苦苦寻求。

你可以轻视我们的创意，时间会证明谁是最好的设计。

设计，是注定孤独的旅行，路上少不了客户的质疑和嘲笑，但，那又怎样？哪怕通宵达旦，也要设计得漂亮。

我是莫棋凯，我为设计代言。

——莫棋凯

Chapter 2
电商黄金构图法

所谓的“黄金排版法则”，就是将表现主题的各个构成要素按照主次关系放置在画面的相应区域，形成一条清晰的视觉轨迹。所有的排版方式追根究底都是为了突出产品的主要内容，构图必须服从主题表现的要求，设计师在设计的时候要注意在追求创意构图的同时，也别影响到用户的阅读内容。

新手刚刚加入电商设计这一行业的时候，总是苦恼该如何开始自己的设计生涯，不知从何下手，是先学技术、理论，还是直接实操呢？反正从哪一方面都觉得自己无从下手。想成为一为好的美工、好的设计师，光是有这个决心还是不够的，当然还需要一些小技巧，下面我们就一起来理清一下思路，告诉你如何快速踏上电商设计之路。

如果你还不会思考，那么，先学会思考就是你的首要任务。你一门心思地想要做好，太过杂乱的思维往往会带你走入一个无法走出的困境，于是有人去了培训班，但是说实话，效果真的不会很大。培训班所能教你的只是技术，如果你不是学美术专业出身的，那么仅仅去了培训班，你所设计出来的东西往往是差强人意的，而且培训班的价格我真的不敢恭维。所以，在我们开始设计之前，我们先来理清一下我们的思路，这样你才能做得更好，就跟我们接下来所要讲的黄金构图法是一样的。如何从模仿别人的设计开始自己的设计生涯，这就是你入行电商设计的一个捷径。下面我们就一起来分析一下。

大多数成功的电商页面都具有 4 个重要要素：构图原理、色彩搭配、创意文案、细节技巧。一个页面从简单到丰满，需要设计师对整个页面有全盘的设计和把控能力，美好的画面排版能够让用户第一眼看到这个页面就能被其视觉效果所深深吸引，甚至不用浏览具体内容就能了解这个页面的很多信息。同样的素材，同样的配色，不同的构图却能让页面出来的效果有天壤之别。如果你还抱着一个专题和一幅出色的主图，后面的内容就以此按部就班地填进去，那你就太 OUT 了。

2.1 构图法

好的页面构图能够让你的页面更加出彩，也能让你的设计事半功倍。说起构图原理，我们知道大概有这么几种：对称切割构图法、组合切割构图法、整体场景构图法、多重切割构图法、简单切割构图法、流程构图法、放射构图法、物体轮廓构图法等。在当今的社会我们随处可见几何图形的存在，简单的三角形、正方形、长方形和圆形，甚至是简单的点、线、面即可组成很多有趣的图形，于是极富灵感的设计师也创作了有趣的页面排版构图法，这很符合我们现代人的审美观念，同时也掀起了一股设计构图的热潮。

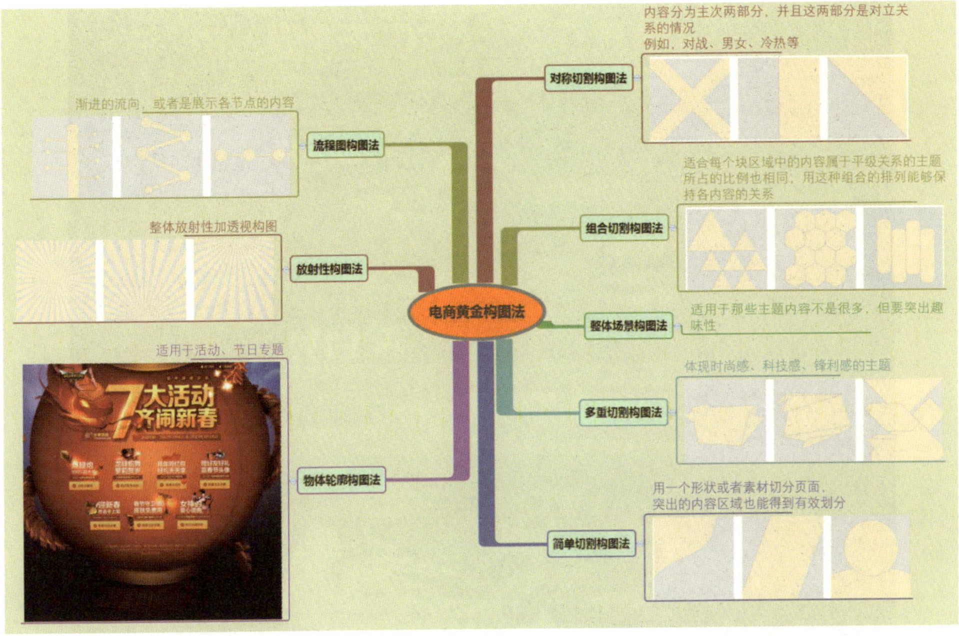

2.1.1 对称切割构图法

简单点对点的切割方法，可以使画面具有平衡不失重的效果。对称切割构图法可以使内容分为主次两个部分，虽说是主次，但当这两个部分都在对立的情况下，这样的排版设计将整个页面一分为二，使内容划分得更加鲜明，也更具有视觉的冲击力。

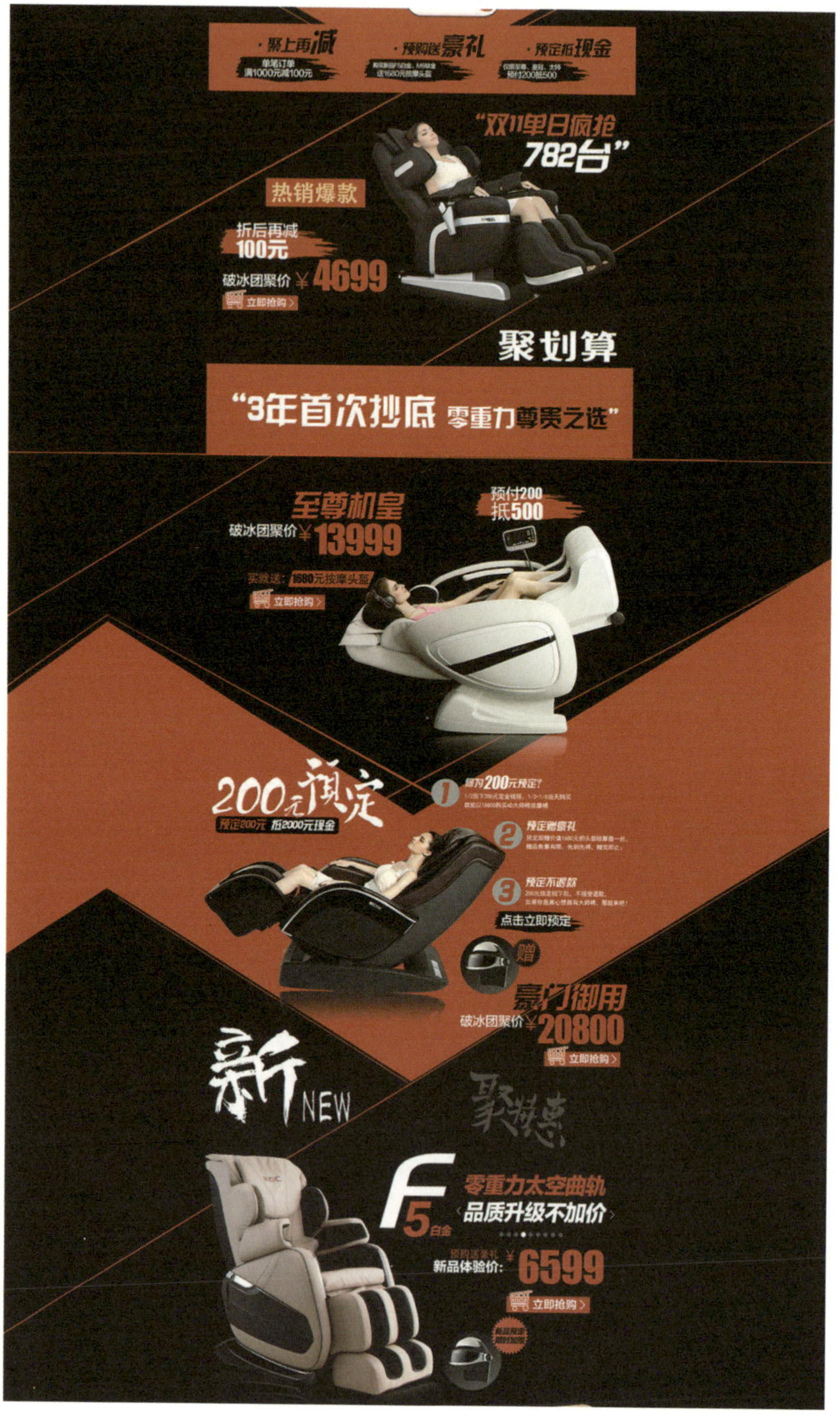
·聚上再减
单笔订单
满1000元减100元
·预购送豪礼
·预定抵现金
预付200抵500
“双11单日疯抢
782台”
热销爆款
折后再减
100元
破冰团聚价 ¥4699
立即抢购 >
聚划算
“3年首次抄底 零重力尊贵之选”
至尊机皇
破冰团聚价 ¥13999
预付200
抵500
实惠送：1680元按摩头盔
立即抢购 >
200元预定
预定200元 抵2000元现金
预定赠豪礼
预定不退款
点击立即预定
赠
豪门御用
破冰团聚价 ¥20800
立即抢购 >
新 NEW
聚摄惠
F5 白金
零重力太空曲轨
品质升级不加价
新品体验价： ¥6599
立即抢购 >

2.1.2 组合切割构图法

组合切割构图法。利用集中而规律的视觉效果，让整个页面设计更具有立体效果，这种形式的构图法适合同级产品的展示。抛弃传统的“排排站”模式，尝试一下组合切割的方法，也未尝不是一件好事。

组合切割构图法

传统“排排站”构图法

2.1.3 简单切割构图法

使用简单的线条或图案，整齐地分割整个页面，使其瞬间变得生动起来，同时对主推宝贝也做到了很好的凸显效果，同样也具有不可忽视的视觉冲击力。

DODGE
DODGE JCUV
BEYOND
Jeep
COMPASS
BEYOND
THE FUTURE
PROFESSIONAL CONSULTANT

Jeep
CHEROKEE
BEYOND
Jeep
PATRIOT
BEYOND
THE FUTURE

2.1.4 多重切割构图法

简单、大胆的多重切割构图法，让单一的页面变得生动，复杂的页面变得时尚，没有统一的切割分配，整个页面更像是一场未知的探险旅程。你永远都不会晓得下一个宝贝会出现在哪里。多种切割遵循着不同的形状、不同的排列规则，为整个页面增添了一股立体的时尚感。

2.2 整体场景构图法

精装、小而美的整体场景构图法，适用于那些促销、节日、活动等的页面，店铺主推款不是很多，又想突出趣味性，搭上节日的顺风车，来一场专题促销真是再适合不过的事情了。整体场景构图法可以将目标客户群快速地带入页面氛围中，使宝贝信息更加精准、流畅。在设计的时候，对专题内容头脑中要有画面感，先搭建大的画面关系，再往其中添细节和宝贝，切记不要让场景抢了宝贝的视觉焦点，在适当的时候给你的页面做一些减法也是很有必要的。

2.3 物体轮廓构图法

物体轮廓构图法主要适用于活动、节日，或新品创意的专题。设计师最痛苦的事情莫过于拿着自己引以为傲的设计作品去跟老板交差的时候，老板一句“没新意、太一般”就把你那些加班的夜晚给磨灭了。此时，不妨想想物体轮廓或许可以给你带来灵感。物体轮廓构图法让整体页面更加生动、形象、有趣。需要提醒的是，设计的时候将形状尽量轮廓化，加以强调突出，主体不需要太具象，舍弃一些烦琐的、次要的元素，以免影响用户阅读内容。

2.4 放射性构图法

第一次听到“放射性构图”这个词的时候，让我想到一句话“嚓嚓嚓，亮瞎你的眼”。放射性构图法有一个中心点向四周扩散的效果，起到导向的作用，让整体页面更具有立体感、空间感，拥有开阔、舒展、清晰的视觉轨迹，以及明确的视觉焦点。这样的页面，想没有冲击力都难。但是这里需要设计者注意的是，放射性构图不太适合文字阅读，要注意文字排版的方式。

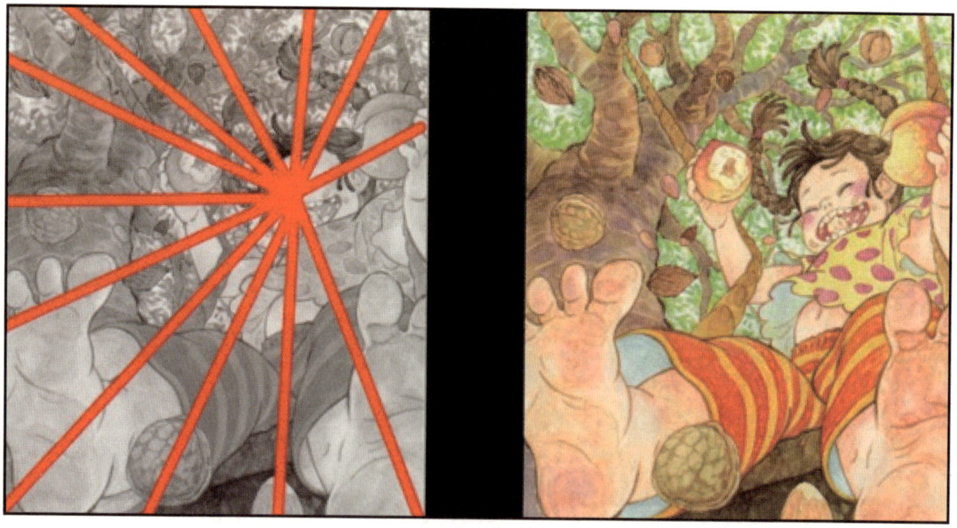

2.5 流程图构图法

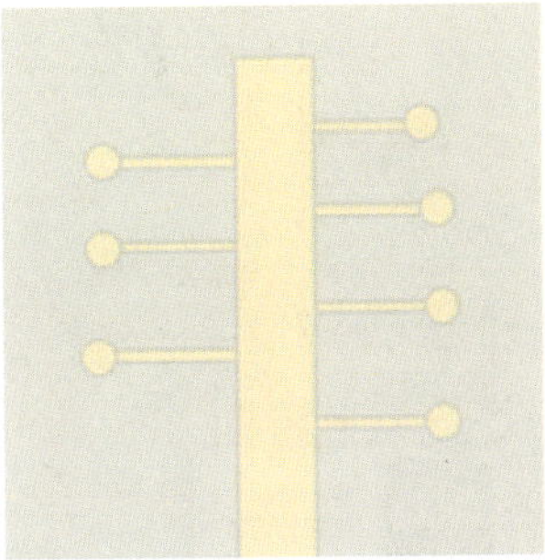

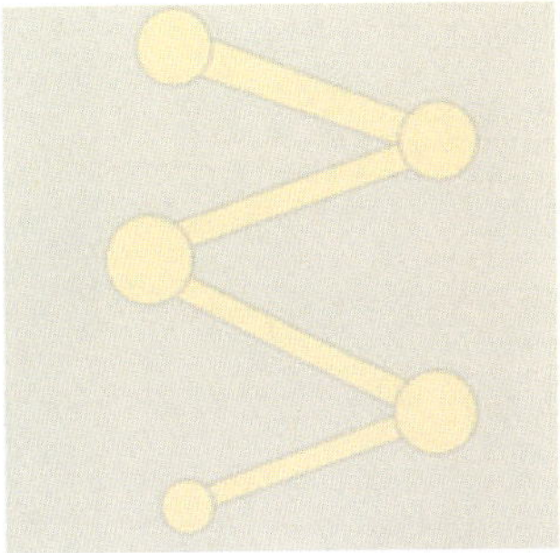

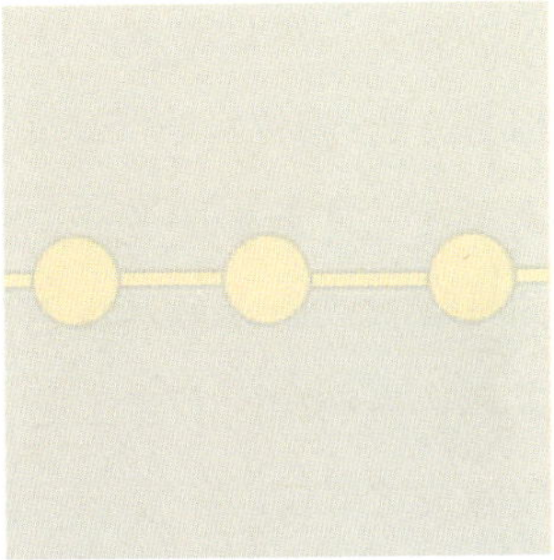

如果你的创意是需要按照循序渐进的方式展现你的产品，那么，你不妨可以采用流程式构图法。

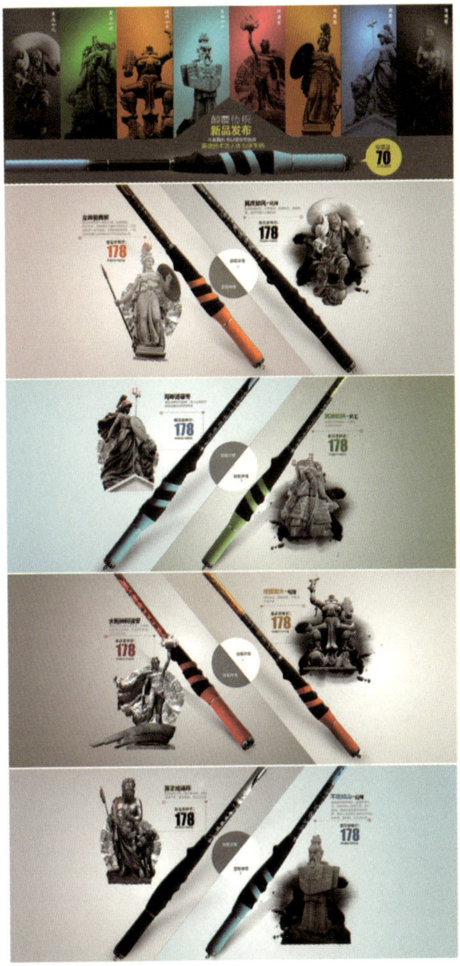

俗话说得好，再怎么绚丽的文字都不如一张图所表达得准确。还在发愁没有构图排版灵感的设计者们，可以参考一下我们以上所讲的这几种构图方法。在电商设计越来越注重个性、注重趣味，以及视觉冲击力的今天，扔掉你传统的没有创意的排版方式吧！虽然构图方法不是万能的，不一定适合所有的宝贝，但是，活灵活用才是我们掌握的关键所在。

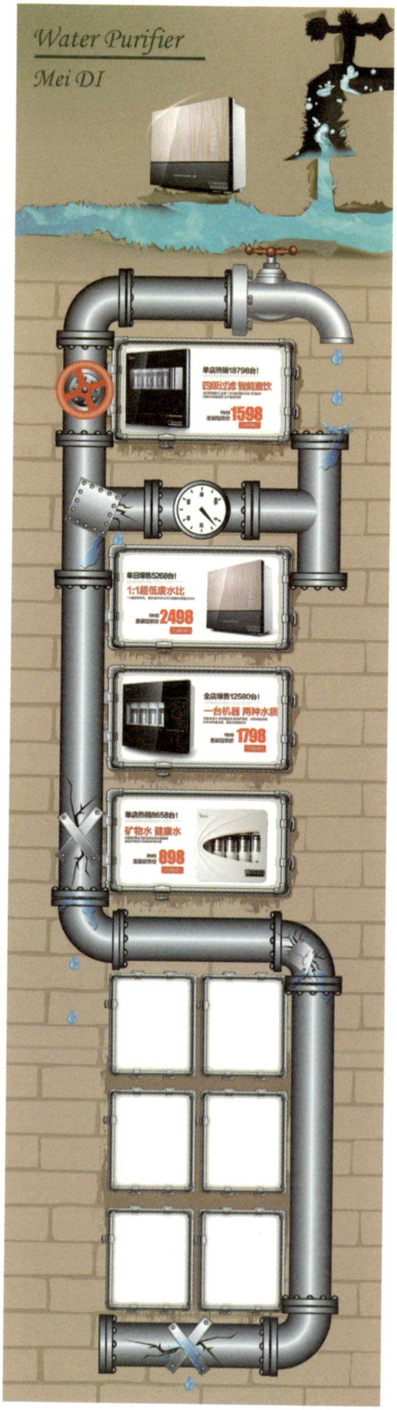

所谓“黄金构图”就是将表现主题的各个构成要素，按照主次关系放置在画面相应的区域，形成一条流畅的视觉轨迹，达到整体页面更加个性、更加舒适的效果。所有的构图方式追根究底都是为店铺宝贝服务的，我们的电商设计工作者在设计的时候，要注意在追求创意构图的同时，也不要影响到用户阅读内容。毕竟归根结底，再绚丽的页面也是为了衬托我们的产品宝贝，以及店铺的流量和转化。最后把这首《排版七字经》送给所有的设计者。

排版★七字经
设计爱好 爱好设计
★事先搭建好框架，图片为主字为辅。
★视觉流程请顺位，重要信息要居中。
★产品永远是主角，图文形状莫雷同。
★三种字体不宜多，三种字型供选择。
★大标题要三突出，标题内文四比一。
★文章层次不过三，字距小于行间距。
★行距小于字高度，行距小于段间距。
★周边留空好通风，四角留空忌相同。

Chapter 3
恋上花样色彩

电商设计者都知道店铺装修的重要性，店铺装修往往把控着流量和转化两大关键因素。流量又分：免费流量、付费流量、自主流量、站外流量和无线端流量。店铺装修对于店铺的整体运营起着至关重要的作用，但是对于店铺装修最让人头疼的问题就是色彩搭配了，色彩如何搭配经常让很多设计者困扰，表示很难驾驭。

网页设计中的色彩如何搭配是一件令设计师有些困扰的事情。用保守的色彩搭配，担心客户不买账，因为沟通的时候客户总喜欢笼统地说“我喜欢那些高端大气上档次、低调奢华有内涵的设计”；用别出心裁的搭配手法，又担心客户欣赏不了，最后各种挑刺。也许，只要你的设计在第一眼能给予客户一种舒适感，之后的合作就能一路绿灯。

色彩本身就是一种极具生命力和塑造性的元素，一个相同架构的网页设计能在不同的颜色映衬下渲染出不同的意义和气氛。在浏览一个全新网页的时候，人类的第一认知就是色彩搭配成就的视觉效果。每一种色彩对于每个人都有着不同意义，并且寄托着不同的情感。这也许就是色彩的魅力所在。

我们从一个逻辑性的思维去思考如何配色，让配色更灵活多变，而且不容易乱，通过学习这些内容，我不能保证你一定能成为一个配色高手，但是只要你理解透彻，那么远离脏、乱、差是没有问题的。那么，色彩到底是什么呢？下面我们从理论的角度来认识一下色彩。

RGB 色彩概述

(此表应牢记)

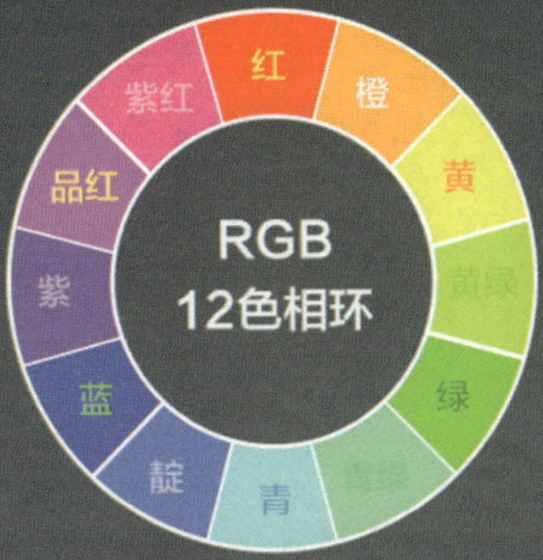

光三原色：红绿蓝（RGB）(应牢记)

这三种颜色的组合，几乎形成所有的颜色。

红色：	R: 255	0	B: 0	
绿色：	R: 0	G: 255	B: 0	
蓝色：	R: 0	G: 0	B: 255	
黄色：	R: 255	G: 255	B: 0	（红＋绿）
青色：	R: 0	G: 255	B: 255	（绿＋蓝）
品红：	R: 255	G: 0	B: 255	（红＋蓝）
白色：	R:2 55	G: 255	B: 255	（白色＝红＋绿＋蓝）
黑色：	R:0	G:0	B: 0	（黑色＝白－红－绿－蓝）

混合色

三原色或者其他颜色按照不同的比例相加而成的颜色。

如：红+绿=黄，红+蓝=品红，蓝+绿=青

红+黄+绿=白

互补色：(应牢记)

色相环中180° 相对的两个颜色。

红 —— 青

绿 —— 品红

蓝 —— 黄

3.1 何为色彩

简单地说，“当光线照射到物体后使视觉神经产生感受，才有了色彩的存在”，这是百度给色彩的定义。色彩会影响人的视觉神经，给人以震撼、感动、警觉、感悟、排斥、喜爱等感觉，并且色彩与人的情绪密切相关，例如，红色会给人以刺激、粉色会给人以安抚、绿色象征着活力、黑色更庄严、银色象征奢华等，并且随着人们的生活习惯和常识的变化，在人们脑海中潜移默化地有了每个人对色彩的基本认识和感知力。例如，春天会不自觉地想到绿色，看到冰的颜色和冷色调会不由自主地有丝丝凉意等。

色彩在网页中有两种表现方法：一种是RGB，另一种是CMYK。

RGB是以三原色按不同比例叠加来实现各种颜色的展现，例如显示器的颜色展示方式。CMYK是印刷色彩模式加入了黑色（black）的颜色表示方式，这里制作简单了解，因为一般我们都采用RGB颜色模式制作网页。当我们调整不同的RGB值，图片会有不同的颜色变化。

3.2 颜色的种类

色彩三要素

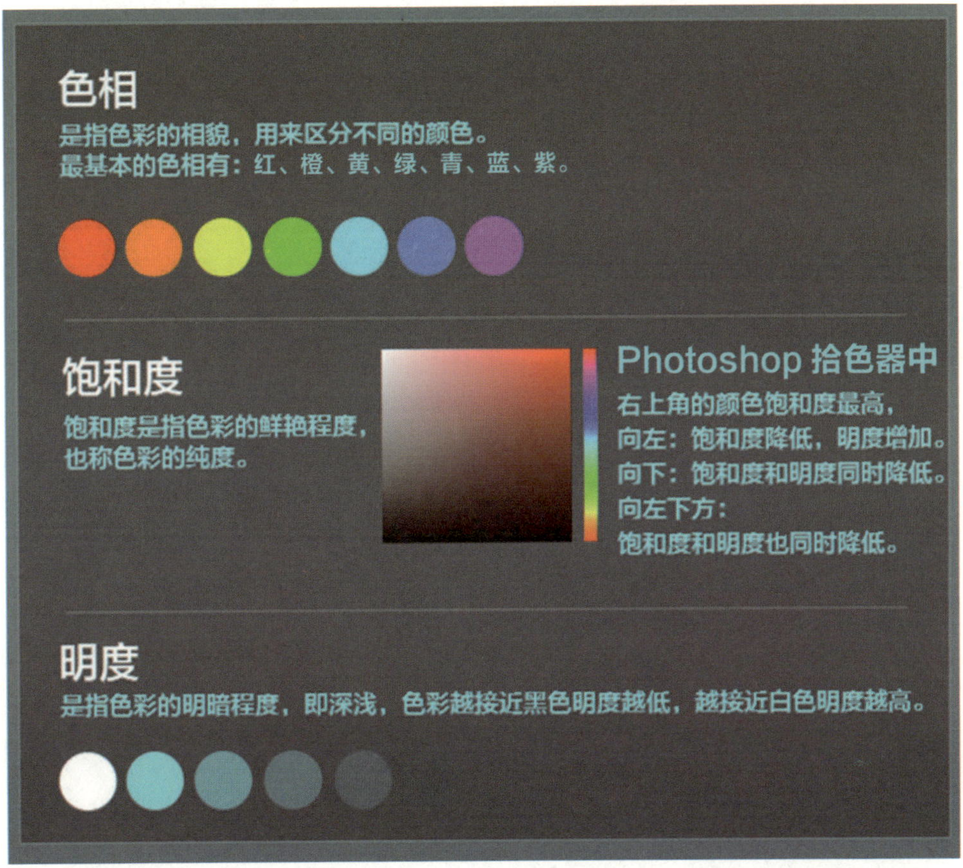

颜色一般分为三种：原色、间色、复色。

原色：指红黄蓝三原色。

间色：指两个原色叠加组合的颜色，如红加黄为橙色。

复色：指间色和另一个间色组合而成的颜色。

3.3 色彩的三大属性

色彩搭配

主色调 + 辅助色 + 点睛色

主色调（主色+背景色）：约75%

辅助色：约20%

点睛色：约5%

同类色搭配

优点：一致感　协调感

缺点：易单调

注意事项：

1. 注意色彩明度对比
2. 注意面积对比
3. 背景色一般跟主色同色调
4. 注意色彩呼应

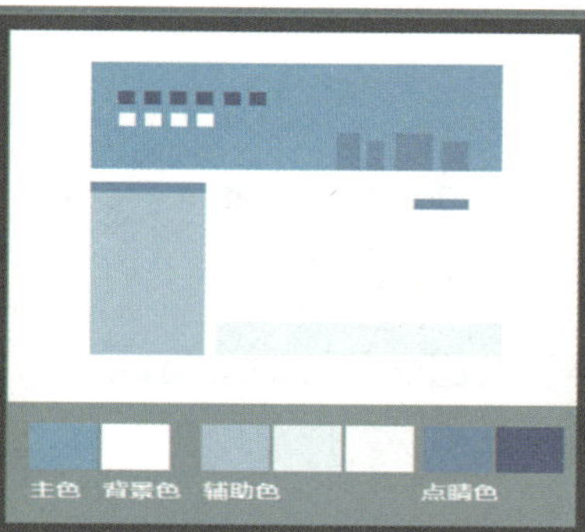

邻近色搭配

优点：一致感、调感
统一　雅致　和谐

注意事项：

1. 注意色彩明度对比
2. 注意色彩面积对比
3. 背景色一般跟主色同色调
4. 注意色彩呼应

约30°邻接色搭配

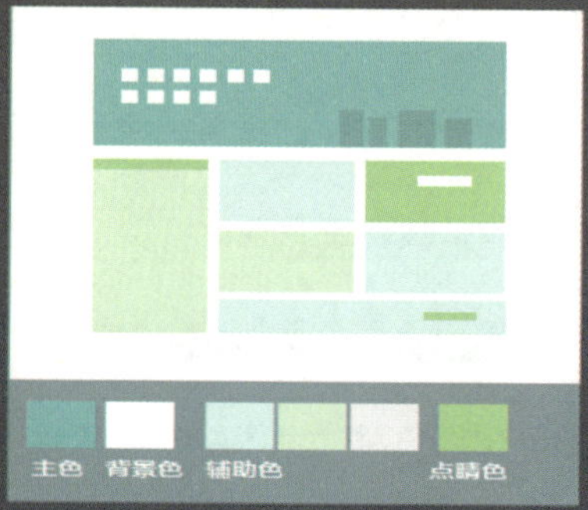

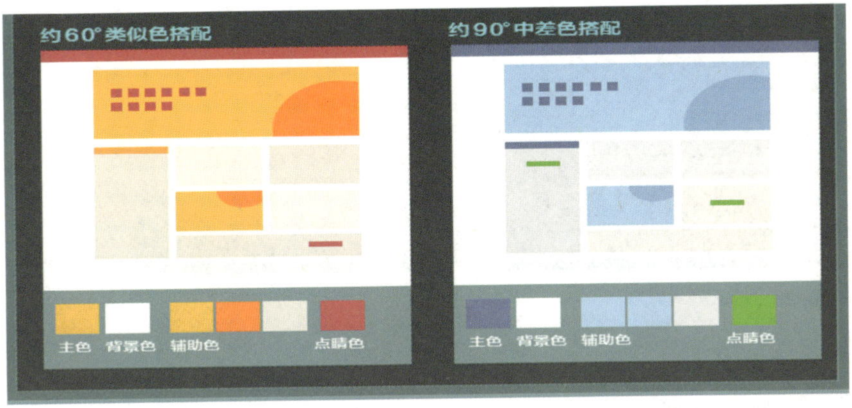
约60°类似色搭配
主色
背景色
辅助色
点睛色
约90°中差色搭配
主色
背景色
辅助色
点睛色

对比色搭配

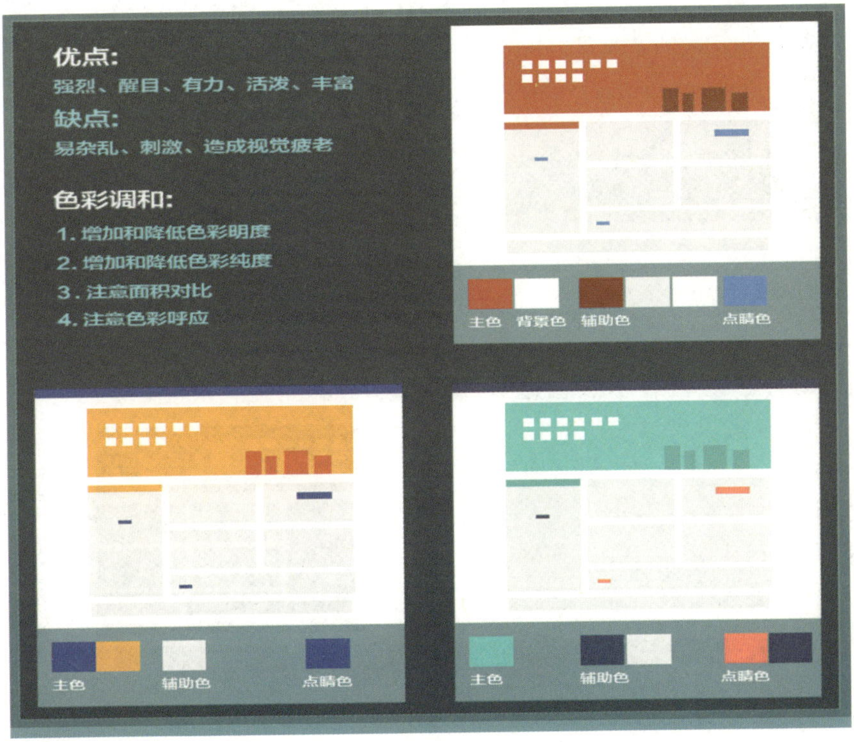
优点:
强烈、醒目、有力、活泼、丰富
缺点:
易杂乱、刺激、造成视觉疲劳
色彩调和:
1. 增加和降低色彩明度
2. 增加和降低色彩纯度
3. 注意面积对比
4. 注意色彩呼应
主色
背景色
辅助色
点睛色
主色
辅助色
点睛色
主色
辅助色
点睛色

互补色搭配

优点：

强烈、眩目、响亮、极有力

缺点：

易幼稚、原始、粗俗、不安定、不协调

色彩调和：

1. 增加和降低色彩明度
2. 增加和降低色彩纯度
3. 注意面积对比
4. 注意色彩呼应

中性色搭配

优点：

老练、充实、古雅、朴实、强硬、稳重、男性化

缺点：

易沉闷，不透气，文字不易阅读

色彩调和：

1. 注意色彩的层次
2. 多使用留白
3. 要有色彩倾向，不能全是无彩色

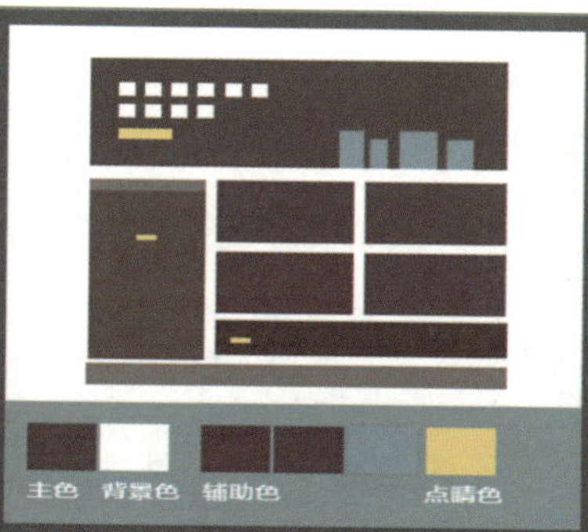

多色搭配

相同基调 · 不同色相 · 中调子

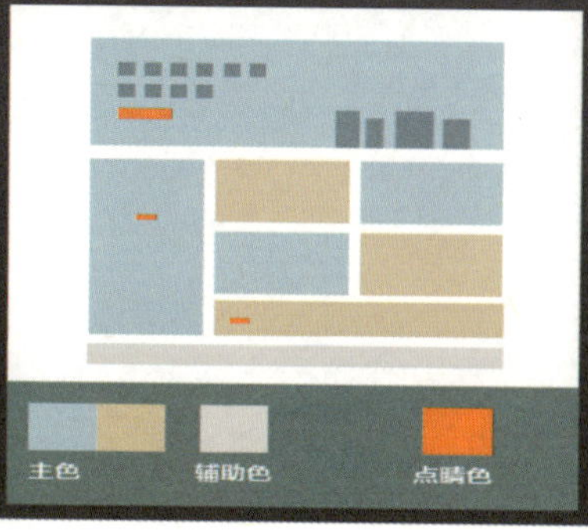

相同明度 · 不同色相 · 低调子

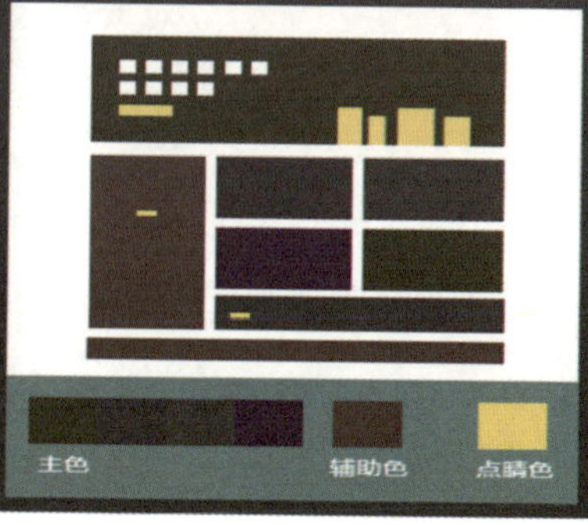

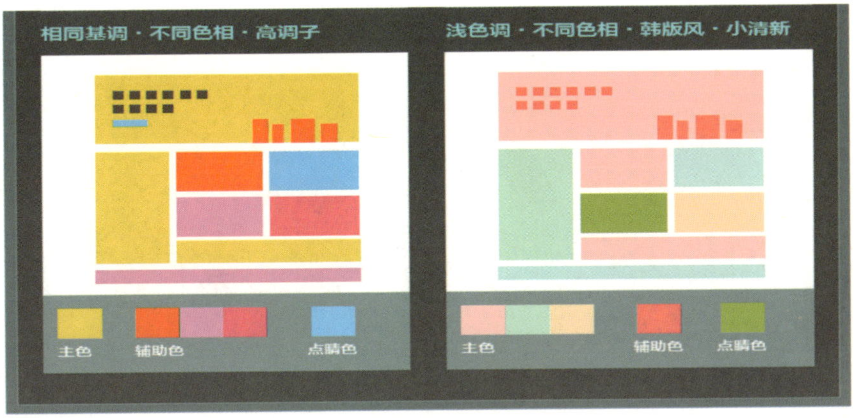

色彩的三大属性——色相、明度、饱和度

色相： 色彩是由于物体上的物理性光反射到人眼视神经上所产生的感觉。颜色的不同是由光的波长差别所决定的。波长最长的是红色，最短的是紫色。把红、黄、绿、蓝、紫和处在它们各自之间的黄红、黄绿、蓝绿、蓝紫、红紫这 5 种中间色，共计 10 种颜色作为色相环。在色相环上排列的色是纯度高的色，被称为“纯色”。这些色在环上的位置是根据视觉和感觉的相等间隔来进行安排的。用类似的方法还可以再分出差别细微的多种色来。

互补色

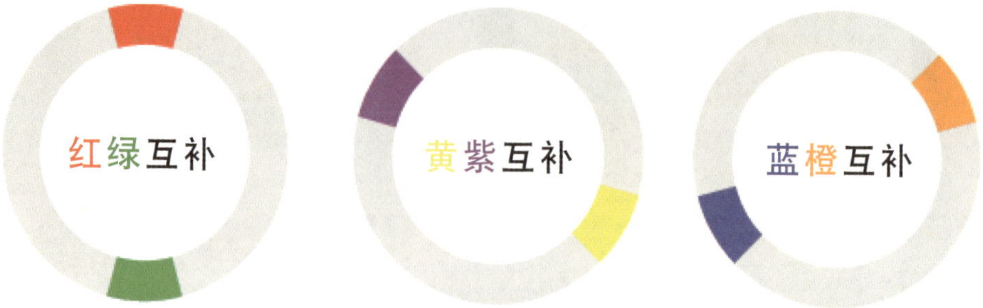

在色环中间隔 120 度的为对比色，45 度的为邻近色。由于互补色有强烈的分离性，所以使用互补色的配色设计，可以有效地加强整体配色的对比度，拉开距离感，而且能表现出特殊的视觉对比与平衡效果，使用得当能让作品令人拥有活泼、充满生命力的感受。

3.4 何为色彩明度

色彩明度是指色彩的亮度或明度。颜色有深浅、明暗的变化，例如，深黄、中黄、淡黄、柠檬黄等黄颜色在明度上就不一样；紫红、深红、玫瑰红、大红、朱红、橘红等红色在亮度上也不尽相同。这些颜色在明暗、深浅上的不同变化，也就是色彩的又一重要特征——明度变化。

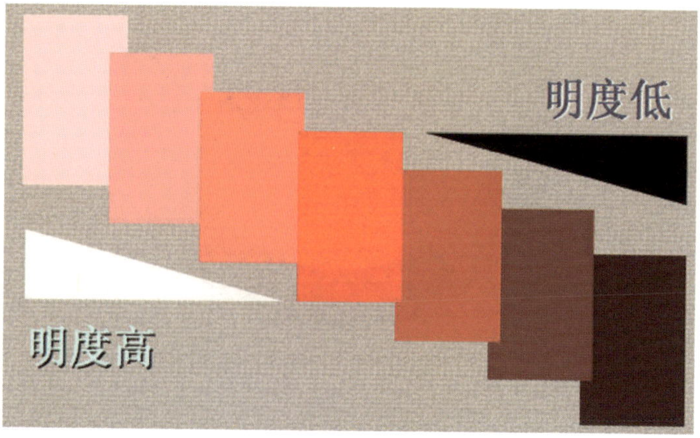

这里值得注意的是非彩色中，即白色、黑色和不同程度的灰色，只有明度特征，没有色相和饱和度特征，所以非彩色图片在光线较暗拍照时可以调节明度，也可以把彩色照片调成黑白色以增加怀旧效果。

3.5 何为饱和度

饱和度是指色彩的鲜艳程度，也称“色彩的纯度”。饱和度取决于该颜色中包含色彩成分和消色成分（灰色）的比例。含色彩成分越多，饱和度越高；消色成分越多，饱和度越低。

3.6 色搭原则七要素

3.6.1 色调配色

色调配色指具有某种相同性质（冷暖调、明度、艳度）的色彩搭配在一起，色相越全越好，最少也要三种色相以上。例如，同等明度的红色、黄色、蓝色搭配在一起。大自然的彩虹就是很好的色调配色典范。

3.6.2 近似配色

近似配色指选择相邻或相近的色相进行搭配。这种配色因为含有三原色中某一共同的颜色，所以很协调。因为色相接近，所以也比较稳定，如果是单一色相的浓淡搭配则称为“同色系配色”。**出彩搭配：紫配绿、紫配橙、绿配橙。**

3.6.3 渐进配色

渐进配色指按色相、明度、艳度三要素之一的程度高低依次排列颜色。特点是即使色调沉稳，也很醒目，尤其是色相和明度的渐进配色。彩虹既是色调配色，也属于渐进配色。

3.6.4 对比配色

对比配色指用色相、明度或艳度的反差进行搭配，有鲜明的强弱感。其中，明度的对比给人明快、清晰的印象，可以说只要有明度上的对比，配色就不会太失败。例如，红配绿、黄配紫、蓝配橙。

3.6.5 单重点配色

单重点配色指让两种颜色形成面积的大反差。“万绿丛中一点红”就是一种单重点配色的范例。其实，单重点配色也是一种对比，相当于一种颜色作底色，另一种颜色作图形。

3.6.6 分隔式配色

如果两种颜色比较接近，看上去不分明，可以靠对比色加在这两种颜色之间，增加强度，整体效果就会很协调。最简单的加入色是无色系的颜色和米色等中性色。

3.6.7 夜配色

夜配色严格来讲不算是真正的配色技巧，但很有用。高明度或鲜亮的冷色与低明度的暖色配在一起，称为“夜配色”或“影配色”。它的特点是神秘、遥远，充满异国情调、民族风情。例如，凫色配勃艮第酒红、翡翠松石绿配黑棕。

当设计者拿到一款产品的时候，宝贝总有它的独特之处，例如，产品的颜色、卖点、设计风格、目标客户群，那么，设计者可以通过宝贝自身的这些卖点特征和风格，赋予宝贝页面一个主色调，设计者会通过主色调找到页面需要用到的其他配色。

那么，设计者又该如何通过宝贝的卖点和目标客户群对宝贝进行页面定位呢？首先应该了解，此宝贝是什么时期的主推款，例如，节日的主推款、促销活动的主推款、当季爆款等。对于颜色我们又该如何去定位呢？下面我们就来简单分析一下。

夏季，天气炎热的时候，我们最容易联想到的便是蓝天、白云、青草、大海、冷饮等一切能给我们带来凉爽的东西。

那么，假如我们要做一个以夏日为主题的页面时，我们就可以从这方面去入手寻找配色。

风的颜色、天空的颜色、水的颜色、冰的颜色，从中可以提取到我们需要的主色调。当然，这只是其中的一种方法，我们还可以通过生活中的一些元素去发现更多的色彩，例如，冰淇淋、啤酒，一切可以给我们带来清凉的东西，甚至是汗液。

「发挥你的想象，让自己胆大起来。」

如果真的没有办法想象出一个已知颜色出来，我们又应该如何去寻找色彩呢？那么，可以通过宝贝本身的色彩来定义页面所需要的颜色。我们举一个例子 。

你可以猜到这是一款什么产品？泳装？瘦身？不，这是一款防晒霜的创意图，图中虽然没有明确指出防晒霜产品，但是却表达了宝贝本身的一个特性，那就是防水。不得不佩服此款产品设计者的灵感，大胆而富有想象力，给消费者留下深刻的印象。

我们再来看一张比较典型的防晒霜直通车推广图。

理论上来说，这也是一张不错的直通车推广图。品牌Logo、宝贝、背景、宝贝特点，以及优惠情况，都标记得一清二楚。但是两张防晒霜的设计图放到一起，第二张明显稍逊一筹。所以，设计者在做设计的同时，也不要忘记创意。很多时候让消费者买单的不是你的产品，而是你的创意设计图。

我们再来欣赏几张不错的、具有夏季特征的设计图。

OMI近江兄弟蓝色小熊防晒霜乳 30g
清凉防晒
出行必备！
Sun
Bears
Strong
Cool Plus
SPF50+
PA++++
OMI

There's nothing as Stupid as Sunburn

There's nothing as hideous as Sunburn

There's nothing as dorky as sunburn

当然，给大家看这些设计图的目的还是要告诉各位，通过生活中的一些元素是可以找到配色方案的。为了让设计者可以更好地使用色彩，我们需要对色彩有一定的了解，例如色彩的冷暖。

3.7 色彩分为三种——冷色、暖色、中性色

暖色包括：红色、橙色、黄色等。我们只需要知道暖色代表热、热情、激动这些意思就行了。通常，我们会把这些颜色用于节日促销，有刺激快速消费的作用，或者用在一些特定的产品上，例如大红色、大黄色在促销的商品宣传上肯定是少不了的。

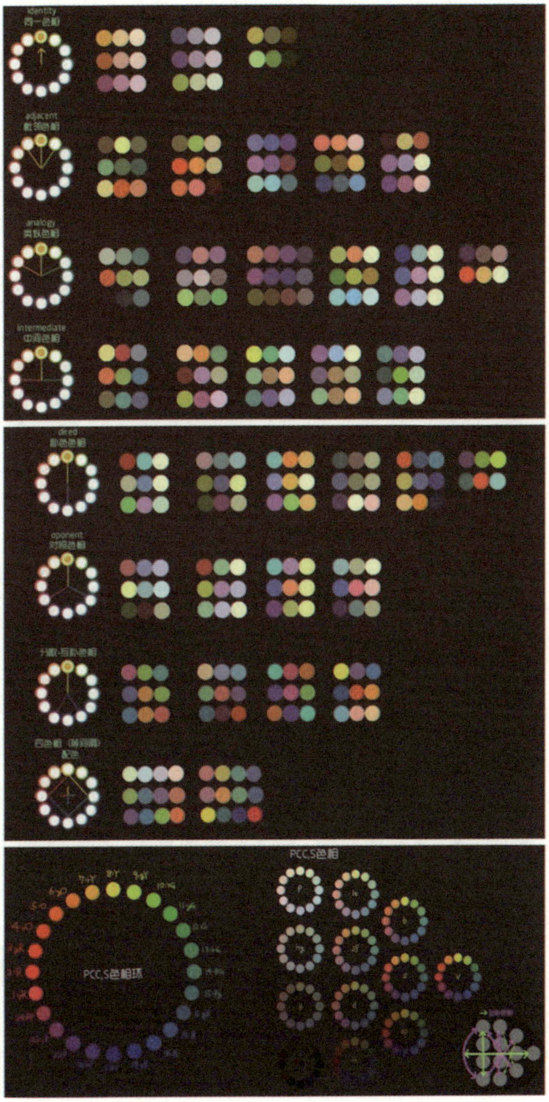

SALE
50% off
全场上衣
（精选款式除外）

4CRAIN과 함께하는
가을맞이 선물대축제!
풍요로운 가을은 "4CRAIN"과 함께~
올해도 고객님들의 성원에 감사드리며, 이벤트기간 중
구입 하신 분들께 푸짐한 상품이벤트를 마련하였습니다.
1 선물이벤트 2008.8.15 ~ 9.15
이벤트당첨자발표 : 9월30일
응모자격 : 회원이면 누구나
GIFT EVENT
가을맞이 할인 빅이벤트 2
신상품을 제외한 전품목
50% 파격세일!
GO! SHOP
오늘하루 이창을 열지않음

类似于青色、蓝色、紫色、绿色这些波长较短的颜色，称为“冷色”。它们是夜、水和自然的代表颜色，通常给人的感觉是舒缓、放松，用得更深层一些就会有冷淡的感觉。色彩主要还是来源于生活中的理解，我们只需要记住大众对于颜色的感觉就可以了。

接下来我们来讲一下中性色，其实主要就是黑色、白色、灰色。什么在颜色中加入白色、黑色、灰色，那些理论太难理解了，我更愿意从另一个角度去分析，从色彩的进退中分析。

同时我们再来看，右下图中橙色是一种激进的颜色，虽然用了绿色来压制，但明显还是在前面的一个颜色，这样颜色就分了一个层次。那么，这里中性色不仅起了一个过渡的作用，还把产品颜色和背景色隔开，很好地起到了一个中间人的作用。如果不用白色垫底，两种刺激性强的颜色相撞在一起，不仅会造成视觉疲劳，而且不突出。所以，我把中性色定位为一个中间人的角色，就相当于你用白色，再用一个与白色相近的颜色，此时就在这个颜色中加入一点黑色做一个类似投影的效果，把这两个元素分离出来，这种颜色我就称其为“中性色”，当然这是我个人的理解方法。

3.8 店铺色彩

通过店铺已知色彩来配色是一重非常好且重要的方法，当然，这是在确定了店铺已有一个比较成熟的配色方案的前提下来进行的，是为了细化店铺细节而使用的。例如，当需要更新大海报的时候，或给店铺重新布局的时候，为了迎合店铺的色彩，尽量使用店铺主色彩的同色系颜色，或类似色，避免使用过激的颜色，同时色彩的明暗变化不宜过激。

例如，店铺主色调为青色，且是促销类的，那么，我们需要尽量避免使用绿色，而且因为使用了高亮的色系，还要尽量避免再过多使用高亮度的颜色，刺激太强了，往往会让人反感。

3.9 主题色调

主题色调指在主题气氛中提取配色。其实我想说的是从文案本身（店铺策划）去出发，例如，现在需要做应季的页面，那么，肯定是根据季节来定的。夏天的主题用蓝色多一些；冬天用白色多一些；促销用大红多一些等。我们需要通过这些主题元素来决定使用的色彩，这也是比较常用的方法。

当然，这里还涉及到一些其他的内容，就是前面所说的文案内容。毕竟店铺的整体策划，都是经过大家深思熟虑的，再由文案生成。文案肯定给页面定义了它的情绪，从中我们就可以提炼出很多产品的情绪——安静、高贵、优雅、时尚等，通过这些元素，即可快速地把颜色定位出几种来，然后再根据产品的已知颜色来提炼出合适使用的色彩。

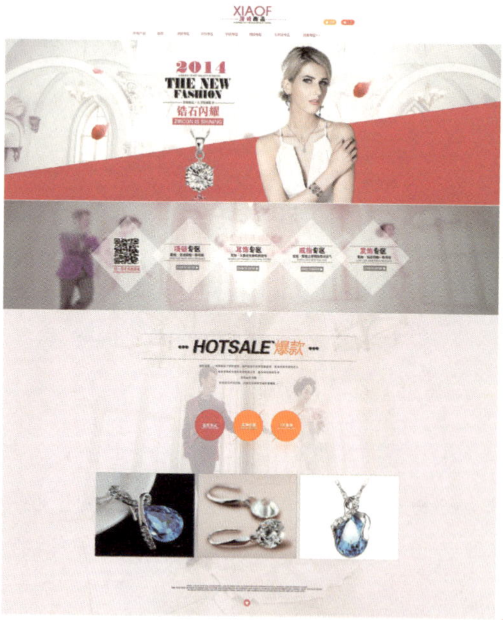

HEADWEAR`发饰
SO FASHION
总有一款适合您

RINGZONE`戒指
SO FASHION

SERVICE
客服中心SERVICE CENTER
营业时间
周一至周五：09:00~21:00
周六至周日：09:00~20:00
联系电话
137-57900212
Jessica
Demi
Jammie
Rambo
Sunny
Tom

3.10 关于 VI 建设

其实这个方法和上一个方法是相同的，这里把它们分开讲就是因为这是两个完全不同的东西。品牌 VI 和包装都是消费者记忆的一个重要载体，我一直认为这两个东西都是品牌认知的最重要环节，很多公司其实也做到了这一点，所以才会花很多心思在它上面。方法与包装色彩一样，提取 VI 或包装中的主色彩即可，至于店铺我们可以再变化。

最后为设计者提供一些色彩搭配表，仅供参考。

经典色彩搭配:

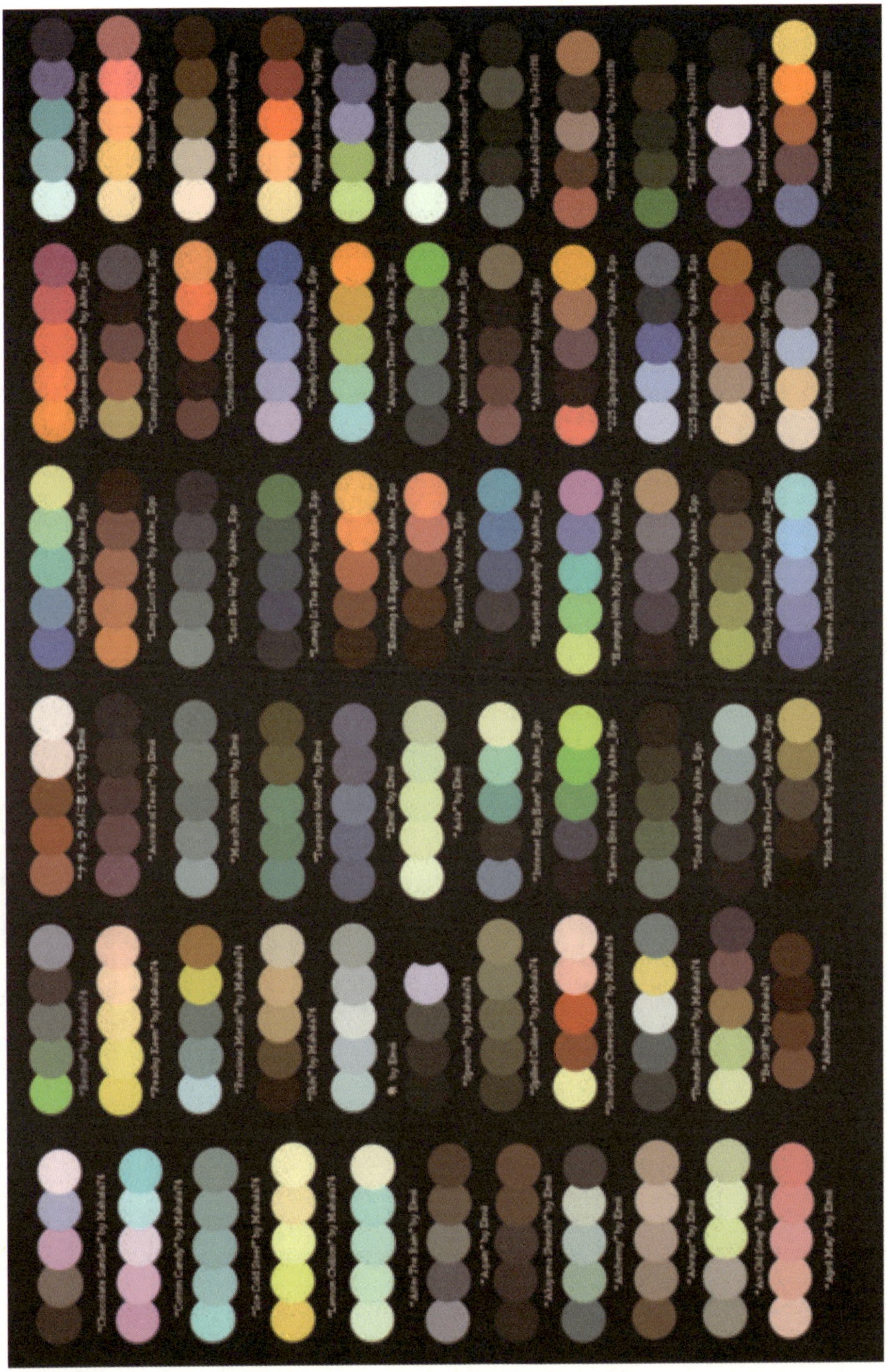

色彩解读：

纤细

①

0-35-50-10	0-12-25-0	39-9-41-0
247-186-129	253-231-198	169-201-165

②

15-0-36-0	0-35-50-10	40-14-5-0
226-237-184	247-186-129	162-196-225

④

31-10-16-0	0-11-16-0	0-35-50-10
187-210-212	253-235-216	247-186-129

③

26-14-6-0	10-67-67-0	0-35-50-10
197-209-226	221-113-78	247-186-129

浅橘色
0-35-50-10
247-186-129

健康

①

100-80-0-0	5-70-100-5	10-30-85-0
0-63-152	223-104-0	232-185-56

②

5-71-21-0	0-11-54-1	5-70-100-5
228-105-140	254-228-136	223-104-0

④

50-9-84-1	5-70-100-5	3-36-34-0
142-185-75	223-104-0	241-183-158

③

79-68-23-2	15-0-41-0	5-70-100-5
73-87-140	227-236-172	223-104-0

橘色
5-70-100-5
223-104-0

红紫色

30-100-10-0
182-0-122

靓丽

①

9-17-50-0 236-213-142	64-9-23-2 83-178-193	30-100-10-0 182-0-122

②

34-7-71-0 184-205-101	11-9-19-0 232-229-211	30-100-10-0 182-0-122

③

76-100-9-0 94-29-127	9-18-30-0 235-213-182	30-100-10-0 182-0-122

④

30-100-10-0 182-0-122	6-53-25-0 231-147-155	32-8-42-0 186-209-164

李子色

30-95-20-5
178-32-114

雅致

①

30-95-20-5 178-32-114	0-0-20-10 239-236-205	51-15-30-9 127-173-170

②

5-8-20-0 245-236-211	8-33-10-2 230-187-199	30-95-20-5 178-32-114

③

30-95-20-5 178-32-114	20-0-10-5 206-229-227	74-50-5-0 75-116-180

④

49-22-0-22 117-150-189	30-95-20-5 178-32-114	15-60-34-0 214-127-134

琉璃色

90-70-0-0
29-80-162

出众

①

90-70-0-0	60-55-0-60	27-81-67-8
29-80-162	61-57-99	182-74-70

②

41-0-66-38	90-70-0-0	9-15-92-28
118-152-84	29-80-162	191-170-0

③

54-9-10-15	90-70-0-0	70-0-25-36
104-172-212	29-80-162	16-138-149

④

90-70-0-0	60-72-8-48	23-58-35-10
29-80-162	80-50-100	183-119-127

群青

100-80-0-0
0-63-152

深远

①

100-80-0-0	80-0-30-0	20-10-0-10
0-63-152	0-174-187	197-207-225

②

100-80-0-0	25-15-55-15	45-10-0-10
0-63-152	183-183-120	137-185-220

③

100-80-0-0	0-0-20-30	50-70-0-20
0-63-152	201-199-173	126-79-142

④

55-0-55-15	100-80-0-0	65-15-0-15
109-177-128	0-63-152	68-156-204

绯

10-90-95-5
211-56-28

华丽

①

3-11-20-0	10-90-95-5	36-91-82-31
248-232-208	211-56-28	137-39-39

②

49-41-0-0	6-28-59-1	10-90-95-5
143-146-199	238-194-115	211-56-28

③

10-90-95-5	9-9-18-0	95-70-5-0
211-56-28	236-231-213	0-79-157

④

91-38-64-31	10-90-95-5	15-1-38-0
0-96-85	211-56-28	226-235-179

绯红

0-95-90-0
231-37-32

大胆

①

30-11-89-5	0-95-90-0	73-86-8-2
188-195-48	231-37-32	97-58-139

②

0-60-100-0	0-95-90-0	100-0-40-0
240-130-0	231-37-32	0-158-168

③

22-92-26-9	89-12-89-2	0-95-90-0
186-41-107	0-149-79	231-37-32

④

0-95-90-0	0-27-100-0	0-80-80-10
231-37-32	251-196-0	219-79-46

深绯

①

0-50-30-20	20-100-100-0	70-100-65-40
209-135-131	200-22-29	76-20-50

②

20-100-100-0	28-21-100-40	83-72-47-0
200-22-29	141-133-0	65-81-110

闪光

①

34-5-10-0	2-2-6-0	0-8-24-0
178-215-227	252-251-244	255-239-204

②

13-0-23-0	25-7-35-0	2-2-6-0
230-241-212	202-218-180	252-251-244

④

2-2-6-0	4-19-17-0	10-27-9-4
252-251-244	244-217-206	224-194-205

③

18-9-35-2	2-2-6-0	1-20-37-0
216-219-178	252-251-244	250-215-168

贝色

2-2-6-0
252-251-244

空阔

①

14-48-21-28	62-68-73-10	0-18-35-50
176-124-135	114-88-73	156-136-108

②

0-18-35-50	54-62-32-18	30-42-17-17
156-136-108	120-97-121	167-139-159

④

54-30-45-10	67-55-72-19	0-18-35-50
123-147-133	93-98-75	156-136-108

③

0-18-35-50	65-53-20-29	58-19-49-19
156-136-108	84-93-129	102-149-125

空五倍子色

0-18-35-50
156-136-108

直觉

①

0-60-13-14	60-80-20-0	50-40-0-0
216-122-150	126-73-133	140-147-200

②

65-0-20-15	60-80-20-0	40-0-75-10
60-171-188	126-73-133	158-194-89

④

13-76-65-10	60-80-20-0	8-22-79-15
201-86-71	126-73-133	215-182-62

③

16-72-23-6	0-0-23-10	60-80-20-0
202-96-131	239-236-199	126-73-133

紫水晶

60-80-20-0
126-73-133

柔美

①

17-27-5-0	4-2-25-5	0-36-25-10
216-194-215	241-239-201	230-174-164

②

18-8-36-0	17-27-5-0	0-22-20-0
218-222-178	216-194-215	250-214-198

④

17-27-5-0	38-19-0-16	34-11-20-0
216-194-215	150-171-204	179-205-204

③

17-27-5-0	0-0-20-10	57-24-5-7
216-194-215	239-236-205	111-160-202

兰花色

17-27-5-0
216-194-215

淡薄

①

12-42-22-3	7-17-6-0	31-31-8-2
219-164-169	238-220-228	184-175-202

②

11-18-27-0	31-31-8-2	26-0-14-0
231-212-188	184-175-202	197-227-223

④

31-31-8-2	4-2-25-0	33-0-40-8
184-175-202	249-246-207	175-209-165

③

31-31-8-2	0-7-20-0	12-20-58-0
184-175-202	255-241-213	230-204-122

欧薄荷

31-31-8-2
184-175-202

诡秘

①

20-30-10-10	55-80-45-30	25-25-50-15
196-173-190	108-56-82	182-169-123

②

20-30-10-10	68-45-20-13	25-15-30-10
196-173-190	87-117-146	188-193-172

④

75-50-25-30	0-0-25-10	20-30-10-10
57-91-124	240-235-195	196-173-190

③

42-7-10-19	6-17-20-10	20-30-10-10
137-179-196	225-205-190	196-173-190

灰紫色

20-30-10-10
196-173-190

乐观

①

9-35-91-0	12-0-68-7	60-0-65-0
233-177-27	224-224-102	106-189-120

②

60-0-65-0	60-30-65-0	10-0-30-20
106-189-120	118-151-107	203-209-171

③

60-0-65-0	10-33-15-0	55-24-0-0
106-189-120	228-187-193	121-168-218

④

60-20-95-25	60-0-65-0	74-60-27-25
96-136-44	106-189-120	69-83-120

铬绿

60-0-65-0
106-189-120

明晰

①

85-15-80-10	15-9-69-0	44-5-45-0
0-141-86	227-219-101	155-201-159

②

30-20-100-10	15-0-55-0	85-15-80-10
181-175-0	228-234-141	0-141-86

③

20-40-10-0	85-15-80-10	29-3-0-16
208-167-191	0-141-86	169-200-221

④

85-15-80-10	15-0-35-10	0-38-28-0
0-141-86	211-222-175	245-181-167

孔雀石绿

85-15-80-10
0-141-86

华美

①

75-0-75-0	30-10-40-0	30-60-0-10
21-174-103	191-208-167	174-113-166

②

75-0-75-0	40-10-16-0	70-37-0-0
21-174-103	163-201-210	79-138-201

③

57-6-11-0	75-0-75-0	4-39-13-0
107-191-219	21-174-103	238-179-190

④

4-44-64-3	75-0-75-0	7-3-65-0
234-161-94	21-174-103	244-235-113

翡翠绿

75-0-75-0
21-174-103

轻柔

①

45-0-40-0	0-19-28-0	3-36-20-3
150-207-172	251-219-187	237-181-180

②

45-0-40-0	20-5-25-0	30-38-9-0
150-207-172	213-227-202	187-164-194

③

37-0-29-0	45-0-40-0	4-33-6-0
172-217-195	150-207-172	240-192-208

④

21-17-4-16	29-2-14-0	45-0-40-0
186-187-204	191-224-224	150-207-172

浅绿色

45-0-40-0
150-207-172

冷漠

①

30-0-10-10	14-0-29-0	33-5-44-3
175-211-217	227-239-199	181-209-159

②

30-0-10-10	0-0-20-10	0-28-38-0
175-211-217	239-236-205	249-200-159

④

24-22-5-13	9-20-20-0	30-0-10-10
185-181-201	234-211-199	175-211-217

③

0-0-36-9	30-0-10-10	47-20-0-10
242-236-175	175-211-217	134-170-210

灰瓷

30-0-10-10
175-211-217

纯真

①

25-0-14-0	0-3-40-0	27-0-46-0
200-230-226	255-245-175	199-224-161

②

11-0-24-0	25-0-14-0	43-18-15-0
234-242-209	200-230-226	156-187-204

④

22-18-0-0	10-6-16-0	25-0-14-0
206-206-231	234-235-220	200-230-226

③

6-35-14-0	0-17-32-0	25-0-14-0
236-186-193	252-222-180	200-230-226

瓷绿

25-0-14-0
200-230-226

清透

①

35-0-14-0	0-3-40-0	27-0-56-0
175-221-224	255-245-175	200-222-138

②

0-14-15-0	35-0-14-0	51-9-24-0
252-229-215	175-221-224	132-192-196

④

6-31-6-0	0-17-12-0	35-0-14-0
237-194-211	252-229-215	175-221-224

③

6-38-15-0	0-18-32-0	35-0-14-0
236-186-193	252-222-180	175-221-224

瓷青

35-0-14-0
175-221-224

清醒

①

95-25-45-0	17-0-42-25	90-70-10-0
0-136-144	183-194-142	30-81-153

②

95-25-45-0	60-20-81-0	22-6-82-0
0-136-144	116-164-83	213-216-68

④

52-20-0-21	95-25-45-0	30-35-0-25
109-152-192	0-136-144	155-141-174

③

95-25-45-0	80-75-0-34	70-60-0-10
0-136-144	55-53-122	89-96-163

蓝绿

95-25-45-0
0-136-144

Chapter 4
摄魂文案成熟记

如果图片是美人，那文字就该是美人身上的那层纱；如果图片是那一件透明纱，那么，文字就该是穿这纱的美人。只有图片与文案虚实结合，方能相得益彰，两相配合；才能施展诱惑之力，促进点击、询问、转化……

有人说 2015 年的电商越来越难做，其实我个人认为想做好电商无非就是解决流量问题和转化问题。

流量问题： 流量分为站内流量和站外流量，又分为付费流量和免费流量，但是无论我们如何做流量如果不转化，那么，我们依然是徒劳无功的。所以我们必须考虑第二大问题——转化。

转化问题： 客户来到店铺首先需要我们与客户建立信任关系，那么，什么才是信任的基础呢？销量、好评、等级、是否是天猫，以及店铺的整体感觉。

那么，现在的电商应该怎么操作呢？如右图所示。

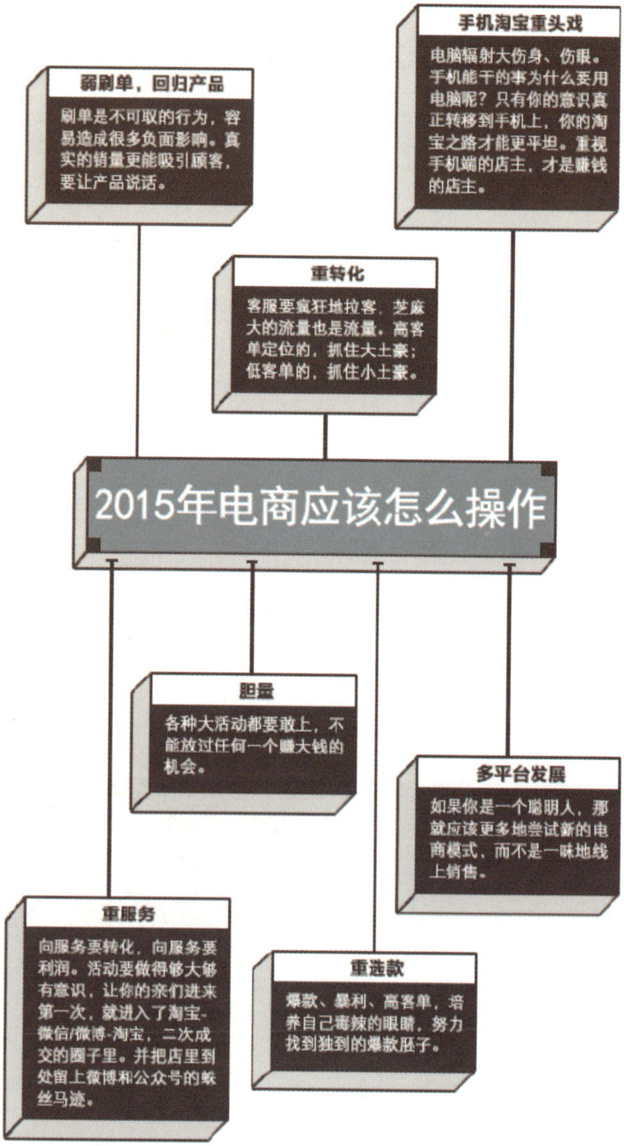

那么，如何才能解决流量和转化的问题呢？其实只要让我们的店铺自己会说话，这两大问题即可轻松解决。想要让我们的店铺会说话，整体感觉是必不可少的。店铺的整体感觉主要由三部分构成——构图排版、色彩搭配、创意文案。淘宝店要想留住顾客必须注重细节的提高和完善，其中文案就是不可忽视的一大细节。好的文案有代替客服的作用，起到四两拨千斤的效果。那么，如何撰写营销型文案呢？营销文案又该如何表现呢？

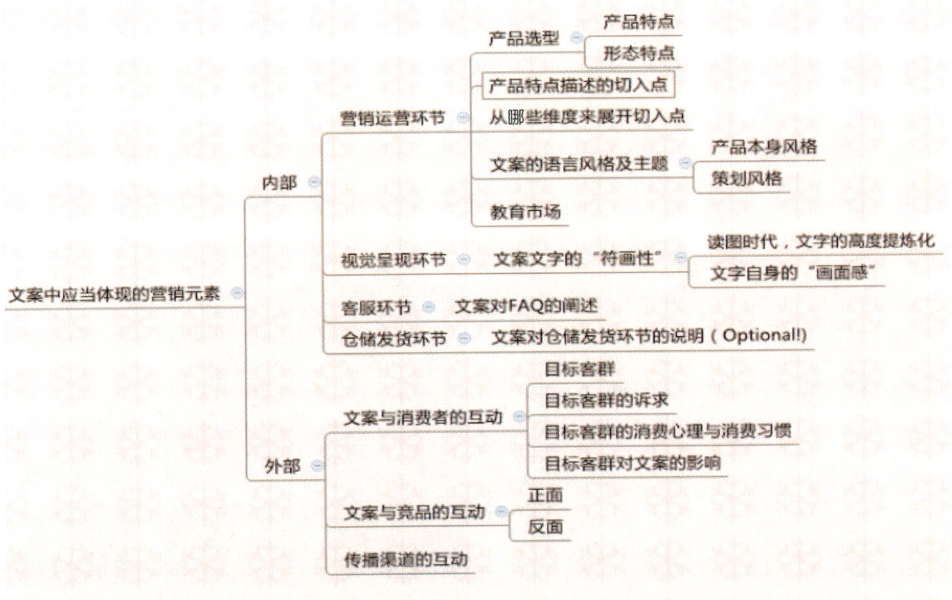

良好的撰文能力，是一个好文案的必备基础。如果说写得一手好文章对文案来说是最大的财富也不为过，精通文字的表达，能熟练运用名词与动词、名为动用等文字技巧，以及合理地排列句式、对词组与句子的灵活表达等可以让文案工作得心应手。但不要沉迷于文字技巧，过于强调系列文案的对仗，句式会适得其反、偏离重点，成为花哨的无用之作，危害甚大。

大多专研文学之人，有中国人的儒雅之气，性格偏执，此非一个好文案的成长之道，宽阔的胸怀和浩瀚的学识能促进文案对于企业品牌和产品品牌形象力的表达。我曾经有一个做文案的同事，年过 30，一直做文案，笔下具是大气磅礴之言，大气之下不失形象策略，异常震撼，每次他的广告出街都会引起正面关注。但气势的文字之后，难以收回，遇到需要细腻的文字时，便捉襟而肘。要修得一手好文字，通读和学习各种类型的文章都非常重要，这个职业没有尽头，把文案写好，更需要大智慧。

文案也被人称为“纸上推销术”，广告在营销的销售执行阶段，需要以文字来贩卖产品的利益点，无非市场需求、产品稀少或利好、价格适当或有成长价值这三个方面，推销学直接影响到文案创作的诉求重点，对清晰的产品利益陈述，以及对消费者的诱惑起着相当重的作用。曾经有卖梳子给和尚、把冰块卖给爱斯基摩人的故事，用来赞扬优秀的销售人员。文案诉求产品的差异竞争优势，便能迅速寻找到诉求对象，使营销获得真正的工作效率。

下面为大家整理一下撰写文案的基本思路。

4.1 九宫格思考法

拿一张白纸，用笔先画成 9 宫格，中间那个格子填上产品名，接下来在其他 8 格填上可以帮助此商品销售的众多优点。这是强迫创意产生的简单练习法，我也经常使用这种方式构思出很多设计图。

我们用小狗吸尘器的案例来说明一下。

案例一：

1. 产品：小狗吸尘器羞红款
2. 文案用途：产品详情页文案
3. 产品切入点：定制
4. 维度说明：

- ✓ 成本高
- ✓ 性价比高
- ✓ 尊贵
- ✓ 功能实用
- ✓ 体积小

4.2 三段式写作法

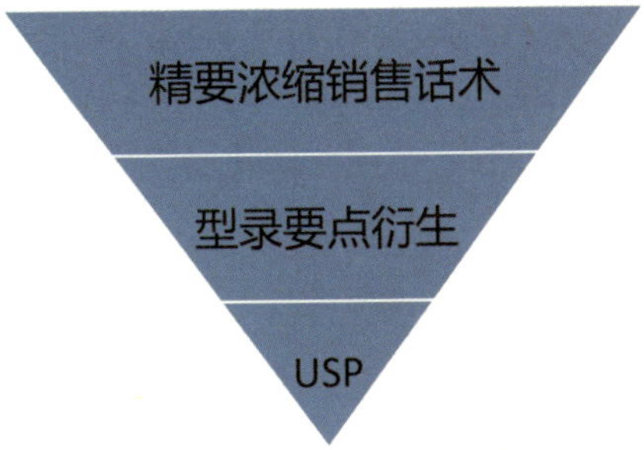

三段式写作法是根据仿新闻学中“倒三角写作法”演变而成的，第一段请精要地浓缩全文的销售话术，因为大多数人没有耐心看完全文，到底是点列式好还是一段文章比较好，就要看你的文字功底了。文字功底欠佳的就点列式写出卖点即可。最后一段是“钩子”，主要的任务是要叫人现在就买，所以一般是强化商品的USP（独特销售卖点）、价格优势或赠品。浓缩成三句话就是：“看我，为啥买我，必须买我”。

4.3 用文案诱导消费者按照“你的建议”购买

优秀的实体音响店销售员会用精彩的话术改变你刚进店里时心中预设的目标商品与预算。他会把顾客引向高利润与他最想要销售的商品，而非你想要的商品。文案们要不要挑战试试，你也可以此境界为目标，把控消费者心理、改变消费者的目标性购物、让他选择你推荐的产品、接受你的预购项目等。

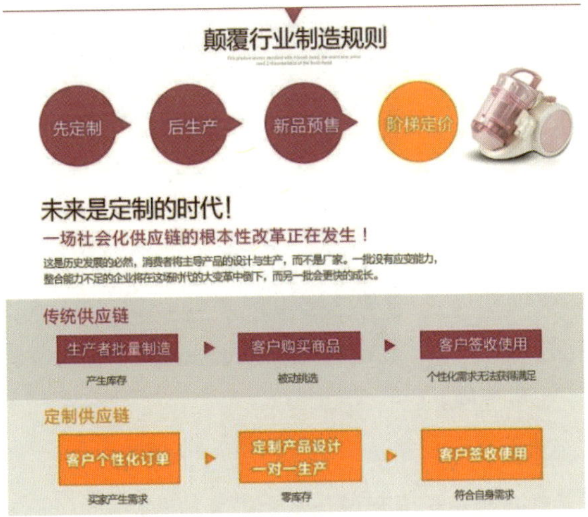

4.4 型录要点延伸法

把该商品介绍上的商品特点照抄下来，然后每个要点后面加以延伸。如果你真的很懒，照抄商品卖点也可以，但文字会比较没有人味，说服力道会稍差。简单来说，就是把产品卖点一一介绍和延伸，但是假如文案只会这一招，那应该改名为“抄录员”，建议大家慎用，多开动你的小脑瓜，你们是最棒的“灵魂工程美化师”。

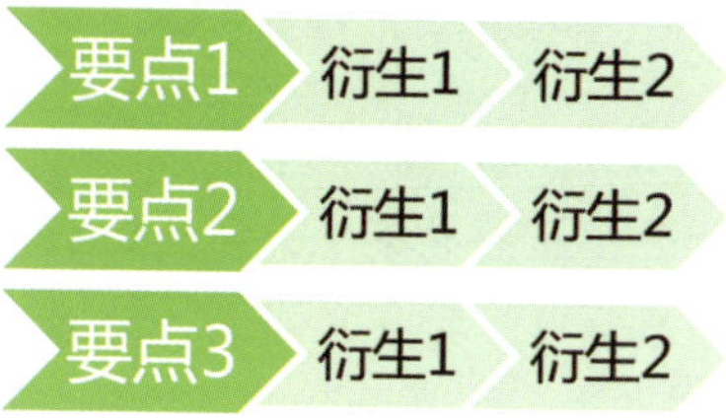

我们同样用小狗电器举例。

1. 产品：小狗吸尘器羞红款
2. 文案用途：产品详情页文案
3. 产品切入点：定制
4. 维度说明：

- ✓ 成本高
- ✓ 性价比高
- ✓ 尊贵
- ✓ 功能实用
- ✓ 体积小

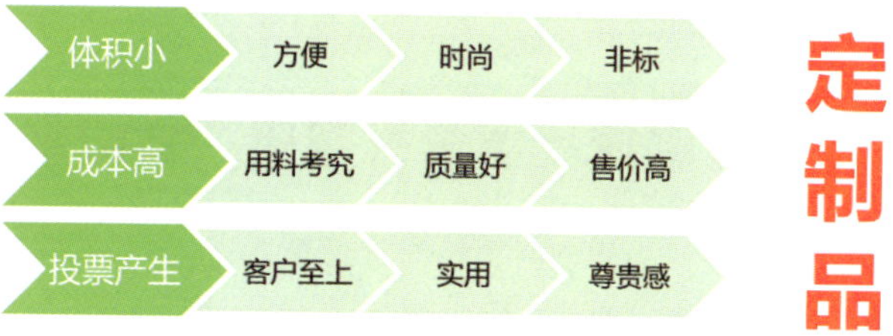

4.5 好的产品文案需要搭配出色的创意图片

再动人的文案不如一张有说服力的图片；长篇大论不如图文并茂地解说。商品文案不是一种追求美感、生动的写作，而是一种营销，如右图所示的小狗电器展示图，简单、直观地向买家展示产品卖点，“静音首选、德系做工、极限降噪、肘式仿生设计”“活动价 799，还送价值 398 元的床褥除螨器”，在当今这个快节奏的社会里，这对于无数青年小夫妻来说是一个很大的诱惑。

4.6 网购商品文案要注重 SEO 友好性

不会写商品文案的人，文案是写给自己看的；会写商品文案的人，文案是专门写给目标对象看的；最会写商品文案的人，文案是同时写给目标对象与搜索引擎看的。因此你的文章中出现的商品名称要完整（包含品牌、中文、英文、正确型号），方便Google、百度等搜索引擎读取，且完整商品名的出现频率至少为 2～3 次。了解搜索引擎工作原理的人都知道，当搜索关键词在所有的宝贝标题中都没有的时候，搜索引擎会抓取产品属性和详情页中的文案，而且当你搜索的关键词即使其他的宝贝标题中也会出现，因为该关键词在我们的详情页中出现的频率较高，也会增加我们的相关性，从而使我们的宝贝排名比其他宝贝更靠前。

4.7 最犀利的商品文案是说出有利的事实

这个产品曾得什么奖？源自哪个国家？是目前哪个通路的销售冠军？被哪个电视节目推荐，是哪个网站中口碑最佳的商品？哪个当红明星代言这个商品？或凸显这个商品的绝对价格优势（例如，全网最低价），不管你的文案功底如何，如果你的商品有这些优势，记得把这些时时强调出来。

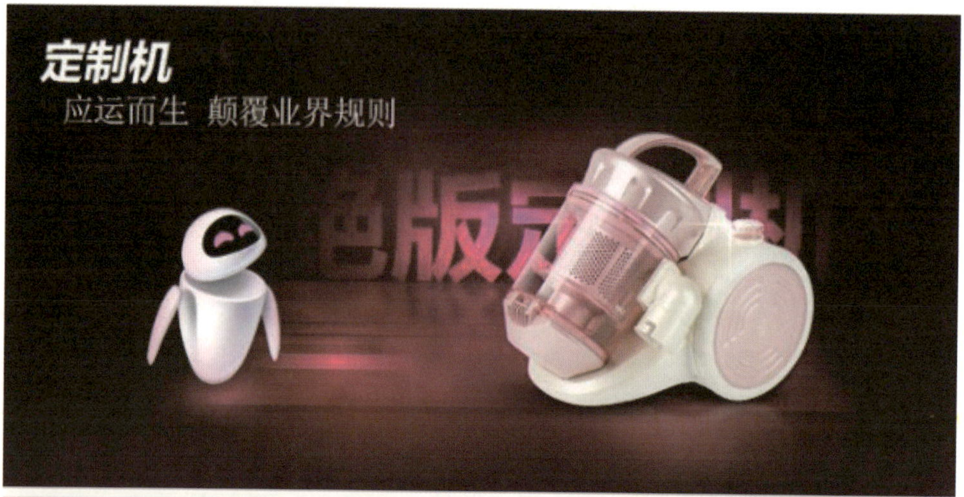

4.8 好的文案可以防御竞争对手的攻击

竞争对手的攻击包括：耳语攻击、文案攻击，以及价格攻击。如果你觉得已经影响到你的销售力道而必须有所动作，那么，就在文案中四两拨千金地还击，有技巧地化解对方的攻势，不必指名道姓地正面冲突。

例如，某知名竞争对手说他的精品报价比你的卖价便宜很多，那么，你可以强调你的商品货源纯正、质量优异、服务口碑良好，并在文案中指出：“目前网络上有店家推出价格低于行情且来路可疑的同款商品，已有消费者吃亏上当，提醒买家千万要注意。”这样可以反将他一军，轻松化解你的价高窘境。

4.9 产品卖点的提炼

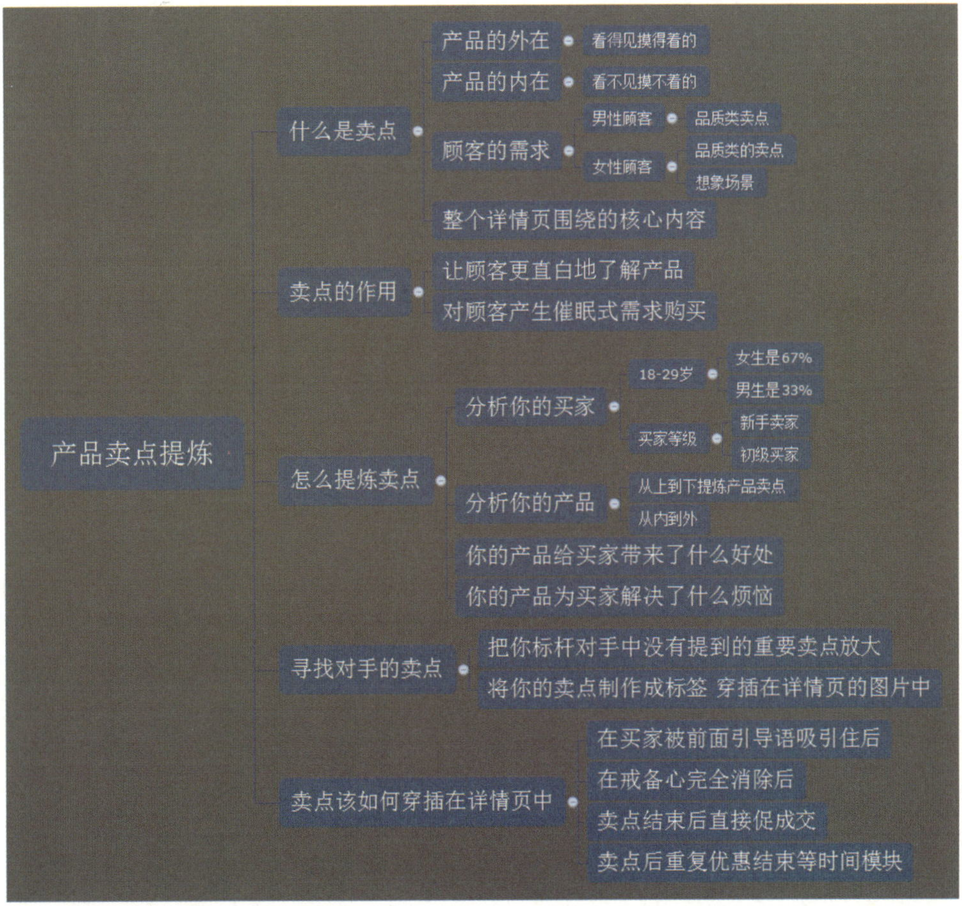

4.10 买家心理学

想要撰写营销型文案，就要了解买家心理学。

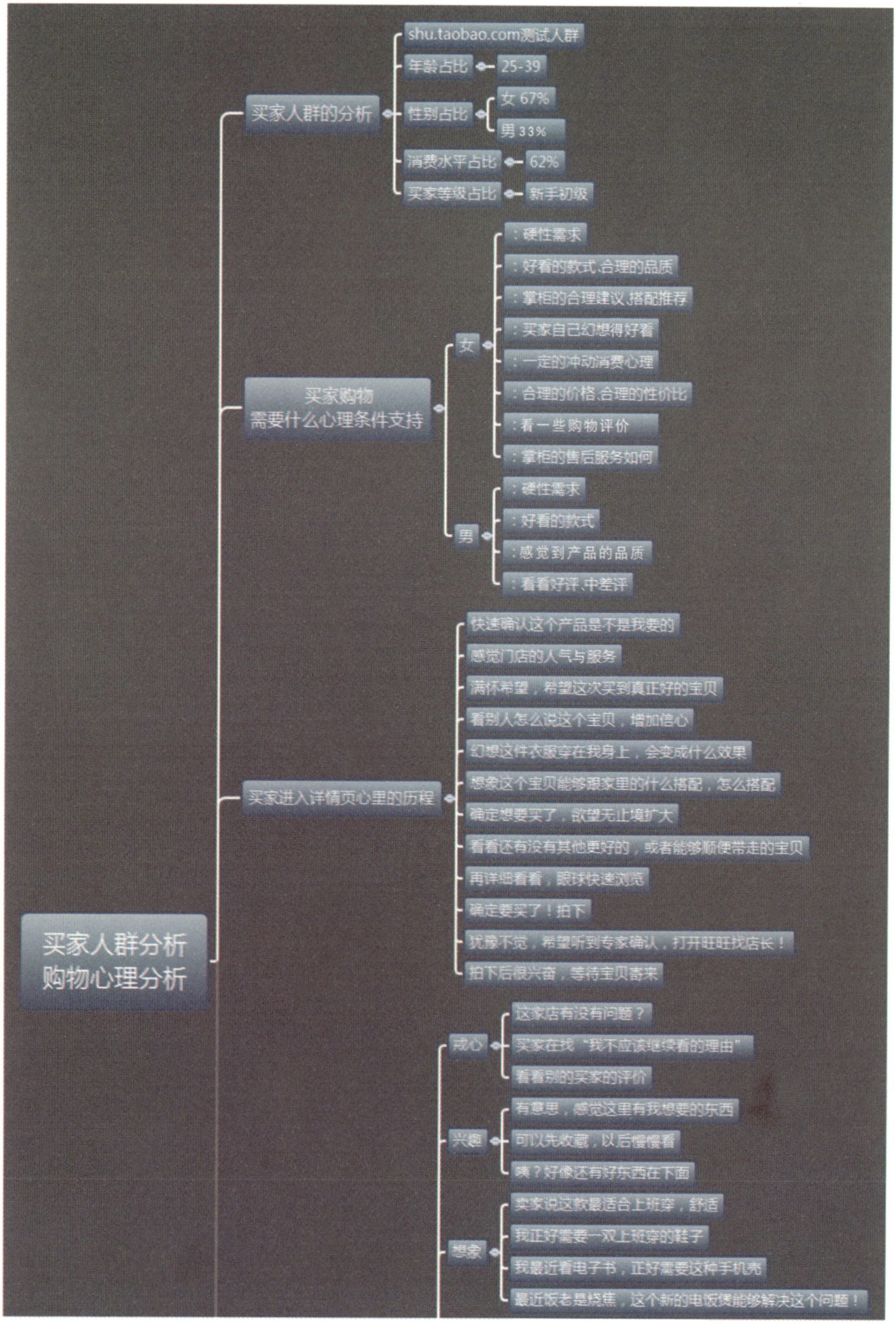
买家人群分析
购物心理分析
买家人群的分析
shu.taobao.com测试人群
年龄占比
25-39
性别占比
女 67%
男 33%
消费水平占比
62%
买家等级占比
新手初级
买家购物
需要什么心理条件支持
女
：硬性需求
：好看的款式，合理的品质
：掌柜的合理建议，搭配推荐
：买家自己幻想得好看
：一定的冲动消费心理
：合理的价格，合理的性价比
：看一些购物评价
：掌柜的售后服务如何
男
：硬性需求
：好看的款式
：感觉到产品的品质
：看看好评、中差评
买家进入详情页心里的历程
快速确认这个产品是不是我要的
感觉门店的人气与服务
满怀希望，希望这次买到真正好的宝贝
看别人怎么说这个宝贝，增加信心
幻想这件衣服穿在我身上，会变成什么效果
想象这个宝贝能够跟家里的什么搭配，怎么搭配
确定想要买了，欲望无止境扩大
看看还有没有其他更好的，或者能够顺便带走的宝贝
再详细看看，眼球快速浏览
确定要买了！拍下
犹豫不觉，希望听到专家确认，打开旺旺找店长！
拍下后很兴奋，等待宝贝寄来
戒心
这家店有没有问题？
买家在找"我不应该继续看的理由"
看看别的买家的评价
兴趣
有意思，感觉这里有我想要的东西
可以先收藏，以后慢慢看
咦？好像还有好东西在下面
想象
卖家说这款最适合上班穿，舒适
我正好需要一双上班穿的鞋子
我最近看电子书，正好需要这种手机壳
最近饭老是烧焦，这个新的电饭煲能够解决这个问题！

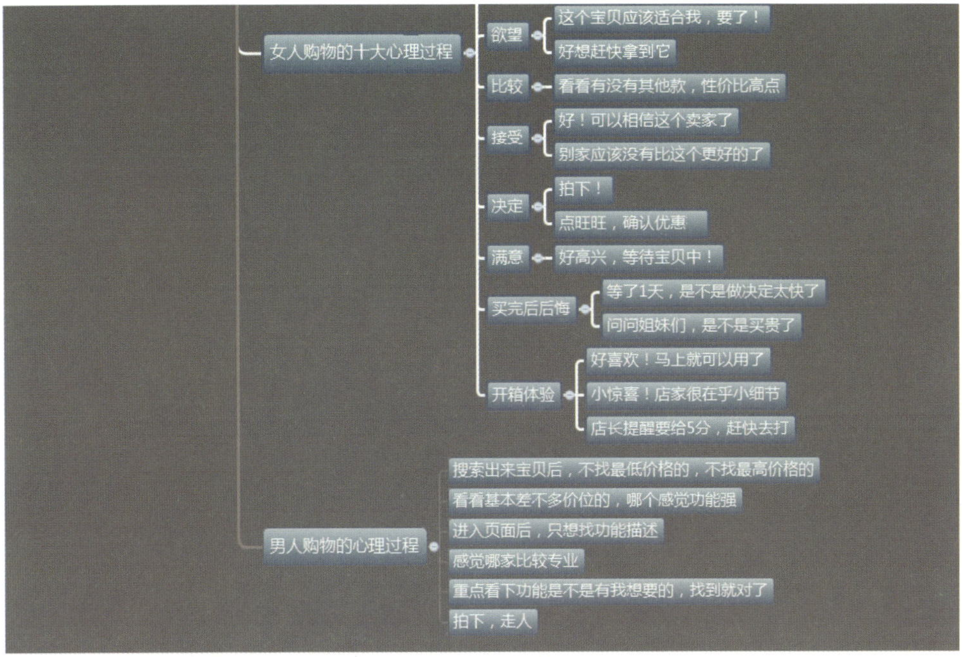

理论的知识介绍完了，下面用“小沱普洱茶”来具体实战一下。

- 选款：小沱普洱茶
- WHY：易携带、性价比、产地无污染、新包装
- 背景：老店新开
- 切入点：**重生**
- 说明维度：
  - 独特产地
  - 产品挑选
  - 茶系
  - 茶文化
- 风格及主题：京剧脸谱
- 教育市场：常识性教育+拨乱反正
- FAQ的涉及
- 与仓储发货的互动：闪电发货

便于携带	性价比高	产地无污染
新包装 新店铺	小沱普洱茶	茶文化
受到资深茶客好评	精选细选	勐海茶系

— 一片茶叶的.重生 —

我们深信，每件事物都有它独一无二的美感。
而这其中，最具美感的当然是它的重生之旅。

来自高山茶园的.重生

重生系列的每一片茶，都来自高山万亩茶园，只有高山才能孕育出真正好茶。
云雾缭绕，日照充足，茶树能吸收足够的甘露，转化成高扬的茶香，漫射光多，有利芳香物质的合成充足……

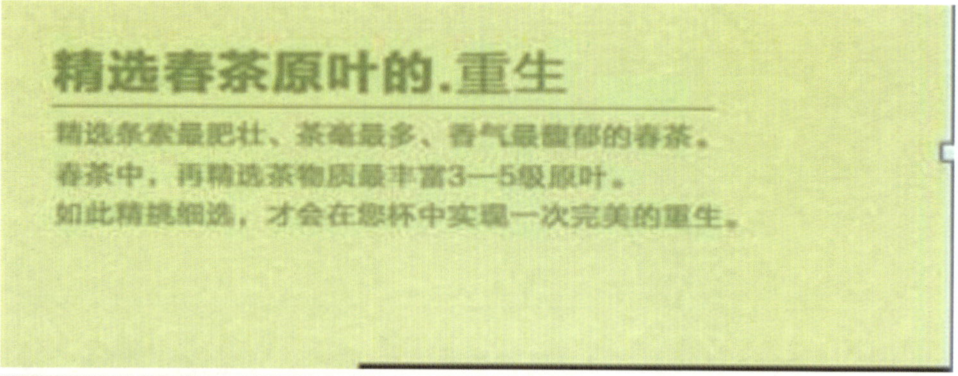
精选春茶原叶的.重生
精选条索最肥壮、茶毫最多、香气最馥郁的春茶。
春茶中，再精选茶物质最丰富3—5级原叶。
如此精挑细选，才会在您杯中实现一次完美的重生。

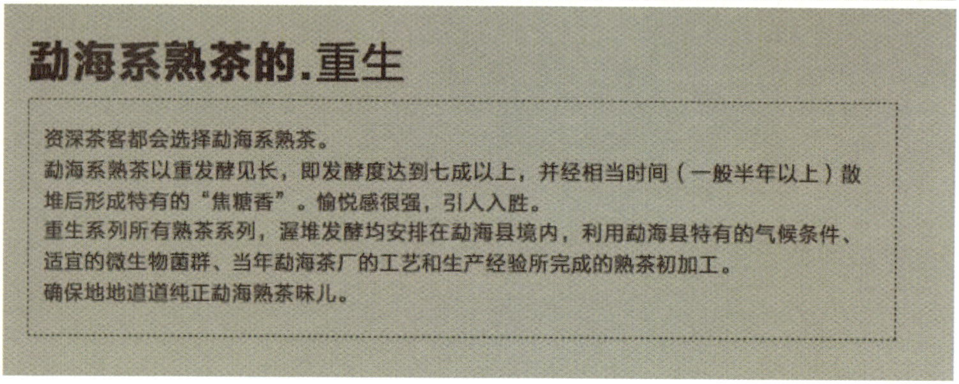
勐海系熟茶的.重生
资深茶客都会选择勐海系熟茶。
勐海系熟茶以重发酵见长，即发酵度达到七成以上，并经相当时间（一般半年以上）散堆后形成特有的“焦糖香”。愉悦感很强，引人入胜。
重生系列所有熟茶系列，渥堆发酵均安排在勐海县境内，利用勐海县特有的气候条件、适宜的微生物菌群、当年勐海茶厂的工艺和生产经验所完成的熟茶初加工。
确保地地道道纯正勐海熟茶味儿。

身、心、灵的.重生
一杯好茶调理自己，一杯好茶犒劳自己。
全屏看图
保存
发送到

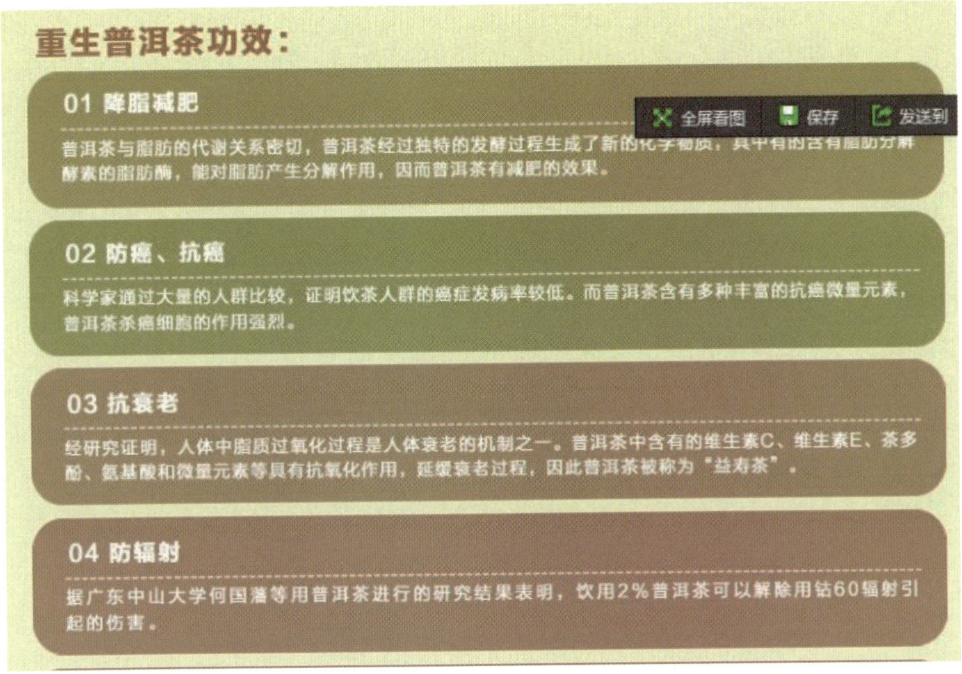
重生普洱茶功效：
01 降脂减肥
全屏看图 保存 发送到
普洱茶与脂肪的代谢关系密切，普洱茶经过独特的发酵过程生成了新的
酵素的脂肪酶，能对脂肪产生分解作用，因而普洱茶有减肥的效果。
02 防癌、抗癌
科学家通过大量的人群比较，证明饮茶人群的癌症发病率较低。而普洱茶含有多种丰富的抗癌微量元素，普洱茶杀癌细胞的作用强烈。
03 抗衰老
经研究证明，人体中脂质过氧化过程是人体衰老的机制之一。普洱茶中含有的维生素C、维生素E、茶多酚、氨基酸和微量元素等具有抗氧化作用，延缓衰老过程，因此普洱茶被称为“益寿茶”。
04 防辐射
据广东中山大学何国藩等用普洱茶进行的研究结果表明，饮用2%普洱茶可以解除用钴60辐射引起的伤害。

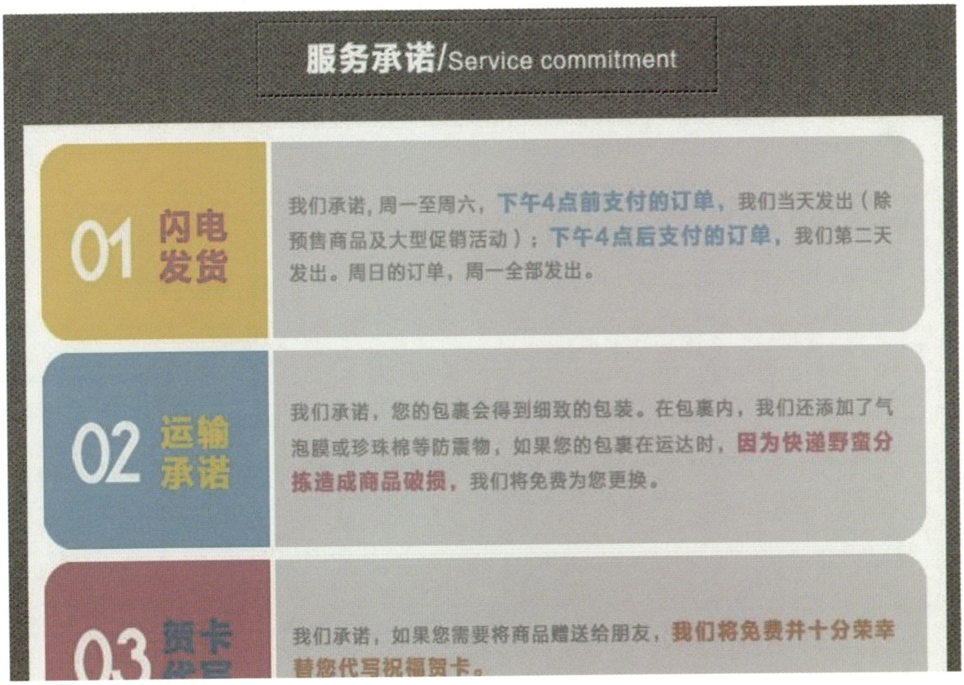
服务承诺/Service commitment
01 闪电发货
我们承诺，周一至周六，下午4点前支付的订单，我们当天发出（除预售商品及大型促销活动）；下午4点后支付的订单，我们第二天发出。周日的订单，周一全部发出。
02 运输承诺
我们承诺，您的包裹会得到细致的包装。在包裹内，我们还添加了气泡膜或珍珠棉等防震物，如果您的包裹在运达时，因为快递野蛮分拣造成商品破损，我们将免费为您更换。
03 贺卡
我们承诺，如果您需要将商品赠送给朋友，我们将免费并十分荣幸替您代写祝福贺卡。

Chapter 5 时尚视觉摩登轨迹

一个成功的电商页面必不可少的就是一条清晰的视觉浏览轨迹，清晰、流畅的视觉轨迹可以让买家的浏览更顺畅，同时降低页面跳失率。如果店铺的页面出现让人感觉凌乱、紧凑、拥挤的感觉，这就表示店铺页面不是一条可以引导买家视觉的浏览路径，买家的视线在各个宝贝之间跳来跳去，宝贝本身的特点元素就在分散买家的注意力，需要设计者加以修改。所谓的“视觉轨迹”，就是设计者通过研究买家心理学、充分掌握买家心理、运用设计排版构图的方式，让店铺的主推款、爆款、新品、潜力爆款都一一有规律地呈现在买家眼前。刺激消费者的消费欲望，引导买家下单，最终完成转化。

我常这么比喻，如果图片是美人，文字就该是美人身上那层纱；如果图片是那一件透明纱，那么文字就该是穿这件纱的美人。只有图片文案虚实结合，方能相得益彰，两相配合，才能施展诱惑之力，促进点击、询问、转化……简单来说就是用尽量少的文字去诱导买家，用犀利批判的眼光去寻找你中意的“对象”。

多数卖家店主曾一度认为用户体验和店铺的整体销量无关，只要产品好、货源充足，加上一定的美工设计，就可以完成店铺的销售目标。这种想法是大错特错的，用户体验不是设计页面让买家满意，而是让买家在视觉舒服的状态下按照我们的目标步骤前进。一个好的电商设计者可以根据买家心理，在让买家视觉感受舒服的情况下，设计出一条隐形的买家行为浏览路线。如何让来到店铺的每一位买家都舒服呢？对于设计者来说，首先要抓住买家的感官体验，感官体验来自视觉、听觉、动作三个方面，其中视觉是重中之重，让买家的视觉感觉舒服了，买家的满意程度基本也就完成了50%。

买家感官体验之视觉营销

视觉营销就是店铺营销层面上一部分销售技术的总和，这部分销售技术可以使我们向（潜在的）买家客户群在最好条件下（包括物质和精神两个方面），展示我们用于销售的产品和服务。简单来说，视觉营销存在的目的是最大限度地促进产品（或服务）与买家之间的联系，最终实现销售（购买），同时提升视觉冲击力与品牌文化。

「做视觉营销没创意是不行的。」

电商的视觉营销在 2015 年又到达了一个新的高度，同类目商品货比三万家等，很容易让买家感到视觉审美疲劳，我们举一个例子来简单说明。

图一和图二同样都是女装连衣裙类目同材质、同款式的宣传图，这两张图如果放到 2010 年以前都会成为爆款产品，唯美意境的大背景、简单清晰的文案、模特和背景融合得恰到好处，但是现在是 2015 年，伴随着电商视觉之战的打响，这种效果的宣传图，被商家复制的到处都是，已经没什么新意和创意性可言了。

（图一）

（图二）

如右图所示，这是一张“天猫运动会”专题的页面，最大的亮点就是用墨点效果突出了整体运动图片的速度感，在文字上也按照运动轨迹进行了排列。

当众多买家也看够了这种酷炫的页面以后，漫画视觉营销横空出世了，大到店铺首页、详情页、直通车推广图、钻石展位推广图；小到店招导航区域等，电商界又掀起了一阵漫画热潮，于是，出现了一个新的商机。

三只松鼠——食品界的下一个“聚美优品”

2012 年三只小松鼠横空出世在淘宝坚果类目，凭借着三只呆萌卡通松鼠形象，上线仅 65 天，销售额就稳居淘宝坚果行业第一，花茶行业稳居前十。从调研、品牌定位、设计方向、LOGO 设计、应用设计，三只松鼠成功地突出了品牌形象，吸引了大量的买家消费者。可以想象一下，在一个阳光明媚的午后，三只可爱的漫画小松鼠捧着它们心爱的大坚果，跟你说“主人，买一个吧。”面对三只鼠小弟的各种卖萌，你怎么能说“不”呢？来看一组三只松鼠的设计页面。

5折封顶
全场包邮
不玩虚
才是真狂欢
松鼠承诺：年前最低价 玩虚赔你100倍
距离双11狂欢开始仅剩: 3 时 21 分 31 秒

2015
满69元包邮!
低至2折
新吃货时代
坚果大礼包
券 5元红包
券 10元红包
换

松鼠回袋
—温·暖·体·验·馆—
松鼠在身边，有我不孤单!
2014

低至2折
坚果
示爱节
满69元包邮
—9.12就要爱松鼠—
5元红包
10元红包
即将开始
即将开始

三只松鼠
Three Squirrels
全网坚果销量第一品牌
LEADING BRAND OF NUTS INTERNET
2012年至今销量第一
关注
吃货动起来
低至3折
超级划算
全场满69元免运费
森林大礼包
换购啦!
惊喜
10元
5元
聚划算专场
即将开抢
坚果热销排行榜
3.4折
¥29.9
立即抢购
5.6折
¥36.9
立即抢购
6.7折
¥36.9
立即抢购
坚果带来丰富的营养
6.9折 手剥巴旦木235gx2
¥33.9
立即抢购
4.6折 精选炭烧腰果185gx2
¥36.9
立即抢购
2.8折 精选紫薯花生120g
¥6.9
立即抢购
6.3折 精选开心果225gx2
¥56.9
立即抢购
6.1折 开口松子原味218gx2
¥52.9
立即抢购
4.9折 精选巴旦木235gx2
¥43.9
立即抢购

看到上图你第一眼聚焦在哪里了呢？“店庆四周年，百万优惠大回馈”，没错，这就是视觉轨迹的第一步，运用色彩抓住用户眼球，但仅仅是这样还是不够的，抓住用户眼球之后，还需要通过图片展现效果，进一步刺激买家下单的欲望，从而提升单品宝贝销量。设计者在设计宝贝页面时，需要从买家消费者的角度出发，不要做自己欣赏的设计，因为单单是自己欣赏是没有用的，页面是做给买家看的，而不是做给设计者自我欣赏的。在对自己设计的页面赏心悦目的同时，不要忘了店铺的本身目的——销量（营销）。

所谓视觉轨迹中的“突出”，可以理解为相对的突出，可以是颜色上色差的突出、排版层面的突出、字体字号的突出，我们可以除了加强本体产生突出效果以外，还可以运用削弱本体的方式，制造出突出的效果。在本体上加强的方法可以理解为，在原有的页面设计基础上，增加、突出、放大某一个宝贝卖点，使其得到突出的效果；削弱本体的方法，可以理解为，在原有设计的基础上，对页面进行减少、缩小、放空某一个特定部分得到突出。这是一种逆向思维方式，可以避免页面过分饱满、刺眼。

年度巨献
不/会/再/现
你不会再买到这么
实惠的面膜
甄享4重礼
9.9元秒杀
¥10
¥20
¥50
《美丽俏佳人》十周年 定制献礼
12月19日 10:00准时开团
30片
水润白皙 莹润滋养
¥79.00/30片
闺蜜分享
拿好礼
诠释完美搭配
¥69.00
¥38.00
¥58.00

作为设计者反复提到的重要一点就是掌握买家心理。只有知道了买家想要的是什么，才能有清晰的思路进行设计，用设计突出宝贝的卖点、抓住买家心理、刺激买家下单欲望、完成店铺销量，这才是设计者真正的职责所在。所以想要让店铺会说话，整体的视觉轨迹是必不可少的，通过突出视觉轨迹的要点原则可以很好地引导用户的视觉轨迹，达到视觉路径流畅、主次分明、重点突出的目的。

Chapter 6

三招征服创意海报

不懂电商的人可能会把海报和推广图的概念和作用混淆，其实想要设计一张具视觉冲击力的海报并非一件天大的难事，关键是要掌握海报设计的要点，再加上使用具有视觉冲击力的背景图或素材图片，即使你是初级电商设计师也能制作出一张让人眼前一亮的海报。

笔者虽然算不上什么电商设计大师，浏览过的电商海报虽说没有几千万张，也至少有个百万张了吧。经过不断地浏览各个类目的产品海报，总结出了电商海报存在的一些问题。

1. 排版杂乱无章法。

2. 色彩使用过多。

3. 背景素材抢了主产品的风头。

4. 字体特效千变万化、五颜六色。

以上这些都是很多电商海报所存在的问题，设计者的工作不光是要设计出让消费者眼前一亮的海报，更重要的是起着店铺流量和转化的重要工作。海报需要简单、明确地传达信息，使消费者离开以后，头脑中仍然想着我们所设计的海报。

老子在《道德经》中说道“道生一，一生二，二生三，三生万物。”而在我们的海报设计中，也存在着三条黄金原则。

背景、文案、主题创意

如果你的海报看上去不理想，一定是这三方面出了问题。例如，常见的海报问题、有主题和背景不搭调、亮度太亮或太暗等。

6.1 海报设计基础三要素

6.1.1 三段文字

一张合格电商海报中的文字提现在：主标题、副标题、附加内容，设计者在设计的时候对于这三个内容可以分为三行排列。对于行间距，还记得本书第 2 章中提到的《排版七子经》吗？

「字距小于行间距，行距小于字高度，行距小于段高度。

周边留空好通风，四角留空忌相同。」

6.1.2 三种字体

这里所说的“三种字体”不是说一定要用三种字体，而是不要使用超过三种字体，很多看上去杂乱无章的海报都是因为一点——不统一。主标题可以使用粗大、明显的字体；副标题可以使用一些普通的字体，但是切忌副标题的字体展现超过主标题，尤其注意在字号方面，不要使用和主题风格不一致的字体。

号称“中国首部东方新魔幻巨献”的《画皮》，对其海报中的字体设计比较推崇。这是注明设计公司“早晨”设计的作品。“画皮”二字使用繁体，字体感觉犀利遒劲，设计感十足，加上纹理的质感处理，既有了魔幻意境，又带有哥特式惊悚的味道，很好地运用海报传达了电影的气质。

说到具有气质的字体，就不得不提书法体。书法字体给人苍劲有力、气质非凡的感觉。书法体具有很强的中国设计风与艺术表现力，在海报设计中被经常采用，在电影海报设计中历史文化背景或有较为浓重情感诉求的电影，往往都会选择书法字来展现，既能给电影海报提升视觉感染力和主题风格气质，也能增加文化内涵，烘托电影氛围。

6.1.3 三种颜色

对于新手设计者来说，一张海报尽可能不要使用超过三种颜色（这只是对新手的忠告）。我们都会觉得那些色彩缤纷的海报充满视觉效果，但是对于新手设计者来说，对于色彩的掌控可能没有那么好，所以新手设计者要尽可能选择较少的颜色。

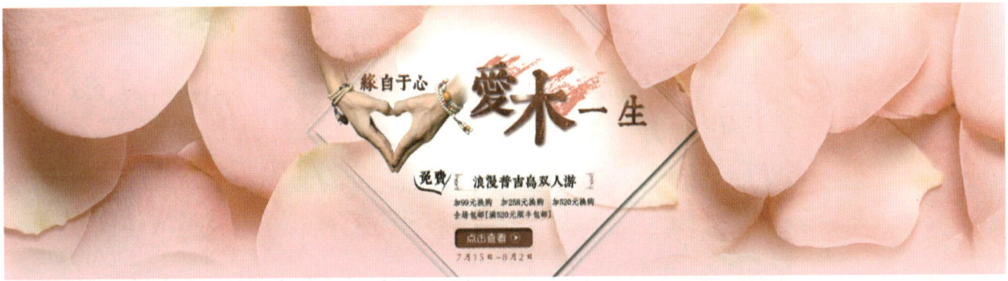

当然也有特例，优秀的设计师对于色彩搭配都具有极高的敏感度，即使用了很多颜色，画面看起来却依然给人一种很舒服的感觉。

在海报中，可以针对重要的文字信息，用高亮、醒目的颜色来强调。

6.1.4 30% 的留白

合理的留白可以让不同内容区块之间的间距和排列更加清晰明了，能让你的整体页面设计呈现出一种别具一格的“空气感”，提升设计的品质。我们平时说的那些“高端大气上档次、低调奢华有内涵”的设计都有留白。其实空白就是气，要想大气就要多留空白。个人觉得，大气就是浪费，想当一个好的设计就要敢于浪费更多的空间。

所谓“留白”，有时也称作“负空间”，两者是同一个概念。尽管这个术语中有“白”，但它所指的区域并不一定要是白色的，它只是网页布局中环绕各元素的空白空间。

younser
让你在驾驶过程中安全的接听电话
安全呼
车载蓝牙耳机
安全便捷小巧
安全接听 自动充电 智能开/关机
一拖二 蓝牙4.0 手机充电 音乐盛宴
安全呼
车载蓝牙耳机
優民生活
創意設計
younser

这样的空间体现为多种不同形式，例如图片、图表、缝隙、外边距、列，甚至一行行文字之间的空间。尽管它似乎“空无一物”，其中没有任何其他设计元素占据一席之地，但我们不应该如此看待它。视之为“无物”，也许打造美感与表现力的机会就流失了。如果处理得当，留白确实可以为网页设计带来大量的益处。不应减少网页设计中的留白；相反，应该增加网页中的负空间。

「那些顶尖品牌的设计者对于留白的把控已经相当成熟了。」

6.2 海报设计应保持的原则

设计者在设计的过程中，应该对海报页面布局排版有一个清晰、完整的思路。整个海报设计中使用到的素材元素、背景、字体、字号、素材，必须保持一致，如果使用的背景、字体、字号、素材没有统一使用，就会造成整体海报杂乱无章、混乱不堪难以卒读。

那么，我们该如何设计出一张具有一致性的完美海报呢？下面这些关于海报设计的原则可以给你一点启发。

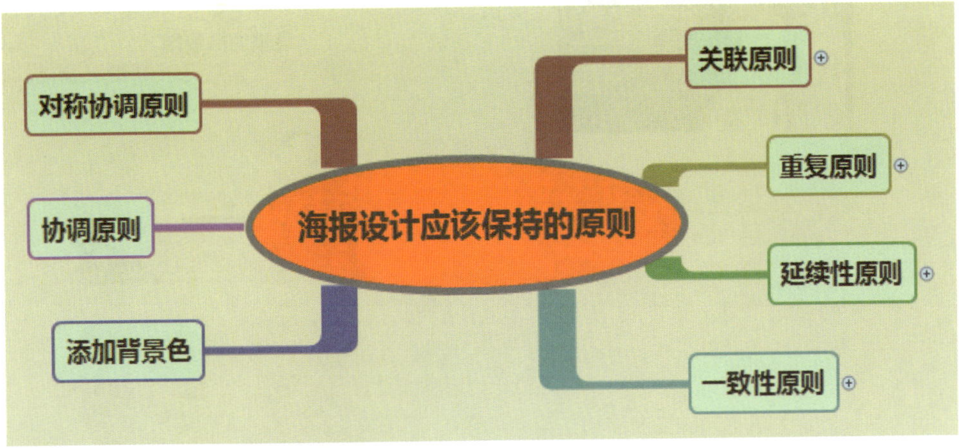

下面我们来看一则海报案例。

海报构图的常见版式

❶ 左文右图

字体上粗下细、上大下小，架构主次分明

❷ 左图右文

字体上粗下细、上大下小，价格部分凸显稳重

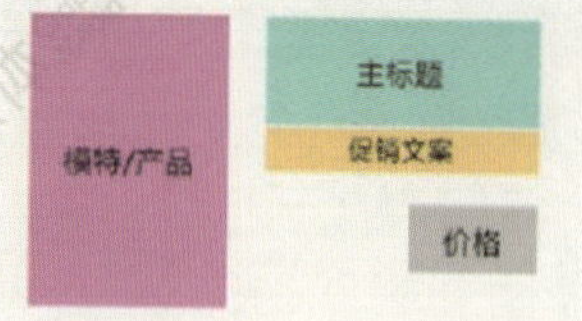

❸ 两边图中间文字

利用近景、远景的照片产生呼应（多见模特海报）

❹ 背景为风景图

利用半透明的底框，避免文字模糊与混乱

5 展示多种产品

产品平行排版，中间利用半透明的框展现文案

6 斜切式构图

文案倾斜角度不超过30°，文字往右上方倾斜便于阅读

海报配色的常见思路

1 取色方法

直接产品图中取色，确定背景和文案颜色。
如没有合适颜色，可采用白色或灰色。

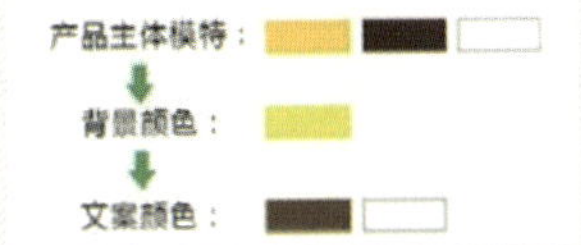

2 配色比例

从产品图中取色有利有弊，弊端就是产品或模特本身的颜色有限。

3 实战演练

Chapter 7
高点击率推广图

说起推广图，我想很多电商设计者都不陌生，推广图又可分为淘宝直通车推广图和钻石展位推广图。淘宝直通车是由阿里巴巴集团下的雅虎中国和淘宝网进行资源整合，推出的一种全新的搜索竞价模式。他的竞价结果不止可以在雅虎搜索引擎上显示，还可以在淘宝网（以全新的图片＋文字的形式显示）上充分展示。每件商品可以设置 200 个关键字，卖家可以针对每个竞价词自由定价，并且可以看到在雅虎和淘宝网上的排名位置，排名位置可以用“淘大搜”查询，并按实际被点击次数付费（每个关键词最低出价 0.05 元，最高出价为 99 元，每次加价最低为 0.01 元）。简单来说，淘宝直通车就是一个为卖家店铺及宝贝进行推广引流的工具。而直通车有三个部分组成：标题、关键词、推广图。

一张好的推广图可以引来大量的流量和点击，为宝贝的成交转化奠定了坚实的基础。一张制作良好的推广图可以让宝贝在众多宝贝中脱颖而出，无论店铺推广还是打造爆款，推广图都起着至关重要的作用。例如，我们在淘宝网首页搜索防晒霜产品，共搜索到 46.72 万个宝贝，这是一个多么庞大的数字，我们选取首页前六款宝贝进行简单对比可以看出，在三款宝贝的推广图中都有清晰的宝贝照片、品牌 Logo、促销折扣信息、色调和谐等特点。这些特点让这三款宝贝在同类目产品中脱颖而出，并取得了不错的销量。

纵观整个淘宝网，淘宝直通车已然成为淘宝网站内一支巨大的推广洪流，它掌握着淘宝站内推广的命脉，每天让众多宝贝在庞大的类目搜索中脱颖而出。女装类目直通车推广图的整体平均点击率在 0.4% ～ 0.6% 左右，也就是说 1000 个宝贝展示，只有 4 ～ 6 个会被人点击进去并进行了解。然而我们的大多数推广图的点击率往往低于整体行业水平，这是为什么呢？因为我们的设计者没有熟练掌握推广图的制作技巧，白白浪费了大量的流量展现机会。下面来看一张关于推广图的思维导图并详细阐释。

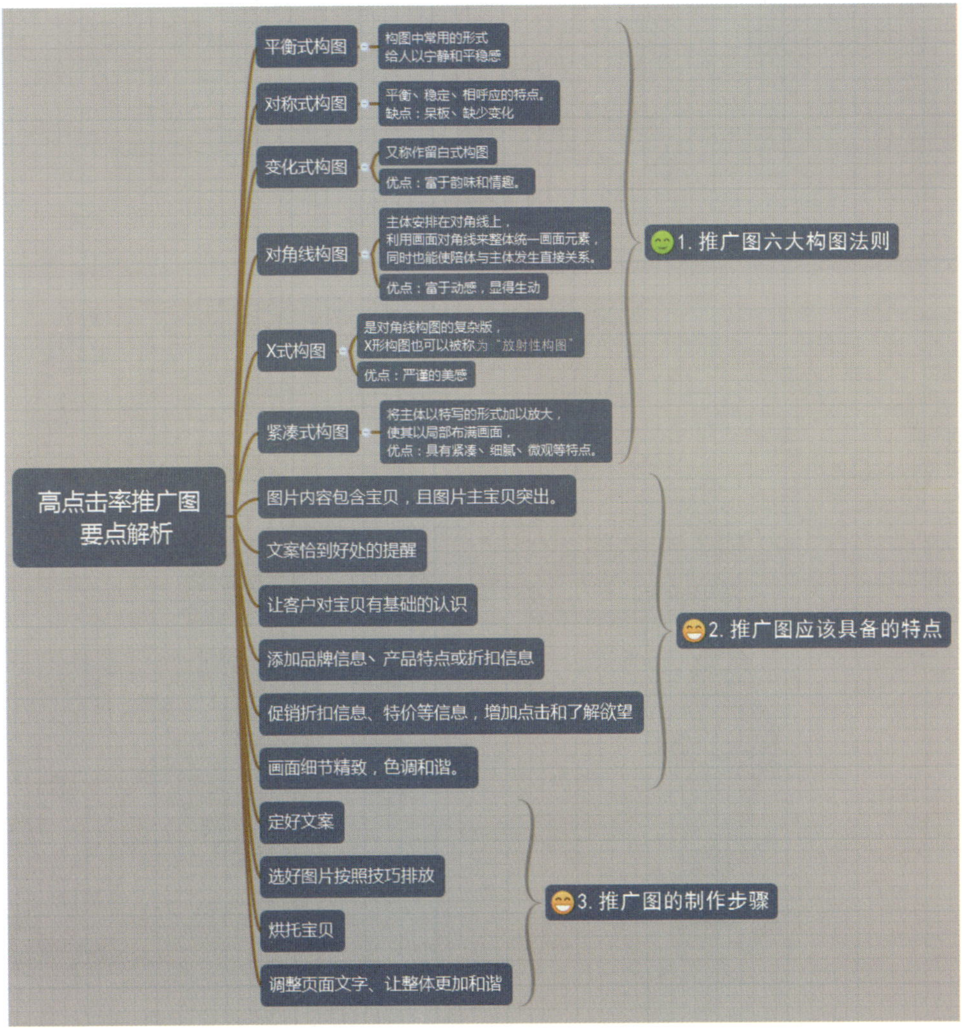

很多店铺做了很多年，可是销量一直都不理想，爆款宝贝始终做不起来，所以对各种推广失去了信心，对直通车也心灰意冷。往往很多的推广图远远低于行业水平，只有近 0.2% 的点击率，白白浪费了大量的展现流量，投入了大量的推广费用，换来的却是十分不理想的结果，使店铺迟迟都做不起来，对直通车也失去了信心，所以掌握方法很重要，现在就与众位卖家分享如何练就高点击率推广图的方法。

7.1 推广图构图法则

7.1.1 平衡式构图

平衡式推广图，给人一种祥和、平静的感觉，平衡构图不像对称构图那样老气呆板，所以很多电商设计者都会选择这张保守牌，但其缺点就是缺乏创新、没有新意。要想使用好平衡构图，首先要掌握好画面的平衡点，什么是平衡点呢？这个就要从艺术角度去寻找了，只要选择的位置得当，那么，小的物体可以去与大的物体相平衡；远的物体也可以与近的物体求平衡；动的物体也可以去平衡静的物体；低的景物同样可以平衡高的景物（这种构图方法也在摄影上应用）。图片的效果好坏与作者的审美能力、艺术素质有关，要多加实践和学习，一定会掌握这种构图形式，用好这种艺术技巧。如果画面对角线的两个点都有重要因素，那么这幅画面基本是平衡的。

从摄影的角度上来说，平衡式构图给人完美的感觉，画面结构完美无缺，安排巧妙，对应而平衡。

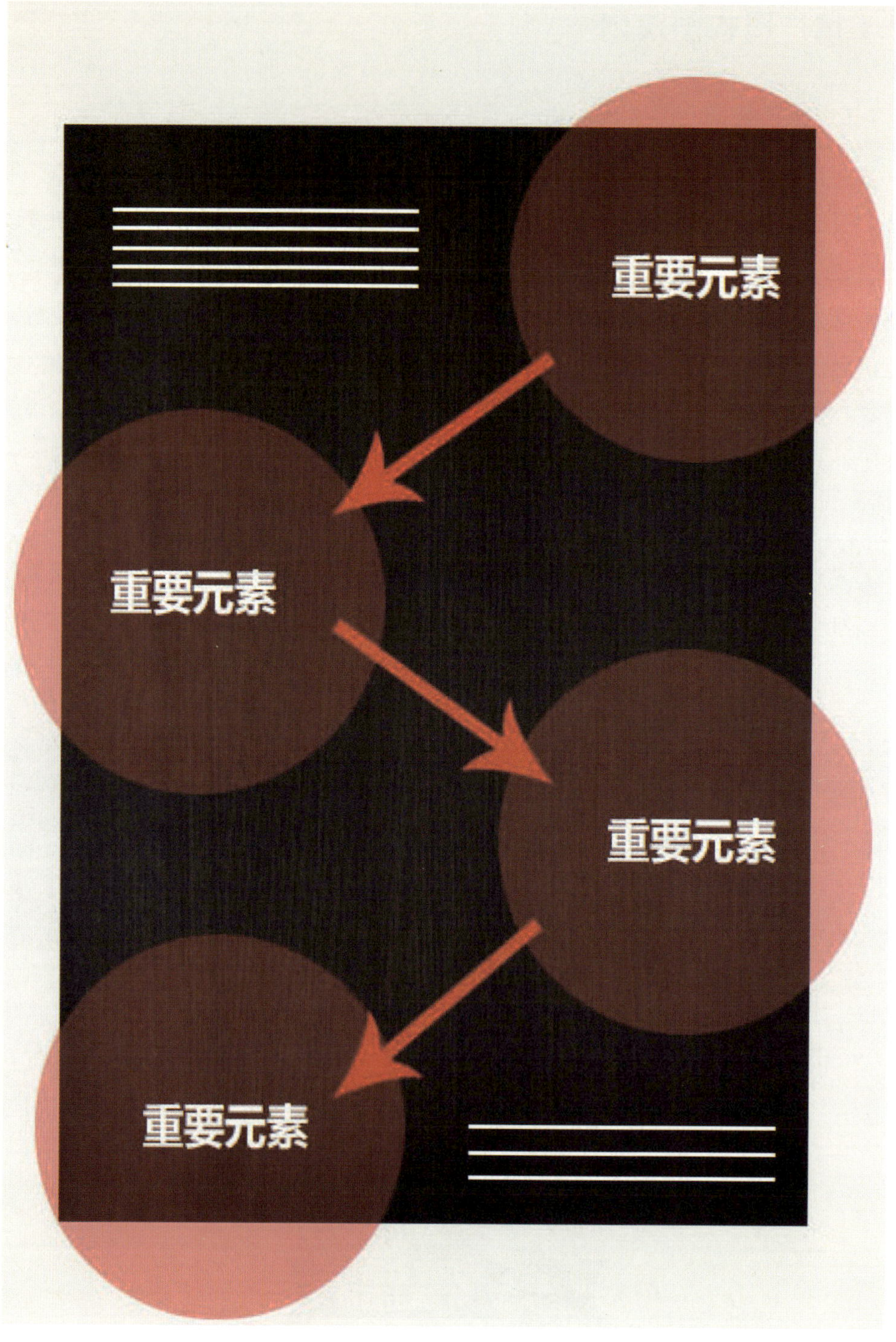
重要元素
重要元素
重要元素
重要元素

Victoria
维多利亚西餐厅
Victoria restaurant
Western noble enjoyment, oriental romantic life
东方邂逅 西式风情

7.1.2 对称式构图

对称式构图给人一种画面平衡、稳定、宝贝突出的感觉。至于对称式构图的缺点，上面我们已经说过了，画面比较呆板、缺少变化。

7.1.3 变化式构图

变化式构图，又称作“留白式构图”。设计者将宝贝安置在某个角落或某个边上，同时留出大部分空白。留白在画面上的作用是，能帮助作者展示感情色彩，给消费者以思考和想象的空间。

7.1.4 对角线构图

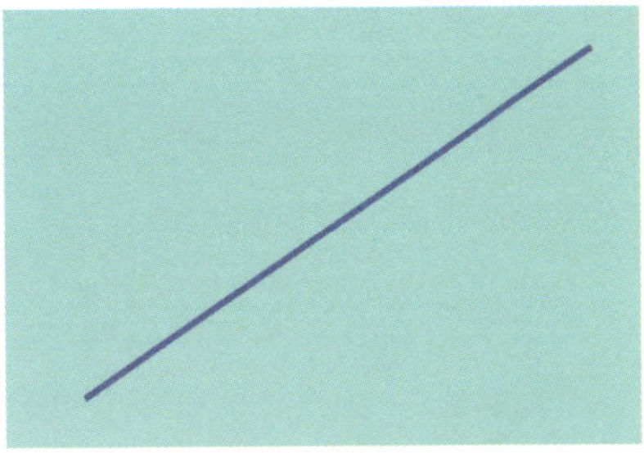

对角线构图就是把宝贝安排在对角线上，利用画面对角线来整体统一画面元素，同时也能使陪体与主体发生直接关系。这种构图的特点是富于动感，显得活泼，容易产生线条的汇聚趋势，吸引人的视线，从而突出主体。

7.1.5 X 形构图

X 形构图就是对角线构图的升级版，X 形构图也被称为“放射式构图”。

将视觉焦点放置在画面的中央位置，让每一条放射线的中点都位于视觉焦点之上。采用 X 形构图能够获得严谨的美感，尽情释放产品所自然拥有的纯美，在安静的氛围中让我们感受生命的活力与激情。

7.1.6 紧凑式构图

紧凑式构图，就是将宝贝以特写的形式加以放大，布满画面，具有紧凑、细腻、微观等特点。

一张高点击率的推广图，可以提高直通车的点击率，起到很好的引流效果。推广图可以很好地体现出宝贝和主题，让卖家可以清晰明了地获取宝贝的相关信息，从而形成购买欲望，完成转化。

7.2 优秀推广图应该具有的特点

一张优秀的推广图片上一定要包含宝贝且要突出。注意，我们说的是推广图，在海报章节我们提到的防晒霜创意图除外，那是海报，现在说的是推广图，不要混淆！

旗王 QIWANG
¥299.00 包邮
3679人付款
旗王真皮女包2015夏款潮鳄鱼纹大包包女士手提包斜挎包贝壳包女包
旗王qiwang旗舰店
广东 广州
a·za 阿札
¥248.00
2775人付款
aza阿札粉嫩水钻珠光鳄鱼纹双肩包2015春夏新款女包可爱背包2952
aza旗舰店
上海
VH
¥499.00 包邮
1157人付款
VH真皮女包2015夏新款头层牛皮单肩斜挎迷你小包包女士锁扣铂金包
vanessahogan旗舰店
浙江 杭州
购买过的店铺
¥128.00
299人付款
毛菇小象 铆钉工艺双肩包手提包时尚休闲女背包 2015夏季新款女包
毛菇小象
浙江 杭州
购买过的店铺
¥98.00
43人付款
毛菇小象 时尚单肩包斜挎包PU皮包女士包包 2015夏季新款女包
毛菇小象
浙江 杭州
购买过的店铺
ELF SACK
¥189.00 包邮
3人付款
妖精的口袋 月光飘飘 夏女包编织纹理蝴蝶结吊坠单肩斜挎手提包
妖精的口袋旗舰店
江苏 南京
购买过的店铺
ELF SACK
¥129.00 包邮
1人付款
妖精的口袋 醉梦一场 2015夏装女包撞色拼接PU百搭包单肩斜挎手提
妖精的口袋旗舰店
江苏 南京
购买过的店铺
¥295.00
0人付款
秋冬新品女包时尚复古OL手提包
能个屁
浙江 杭州

限量买1送1
2折
真皮秒杀
THIS MOMENT OF TIME FRAMES INTO MEANI
SLOW DOWN TO ENJOY THE ELEGANT

买家通过推广图可以对宝贝有一个简单、直观的认识，如果有促销可以填写促销或者折扣文案，这样会让买家对宝贝有一个更清楚的了解和认识。

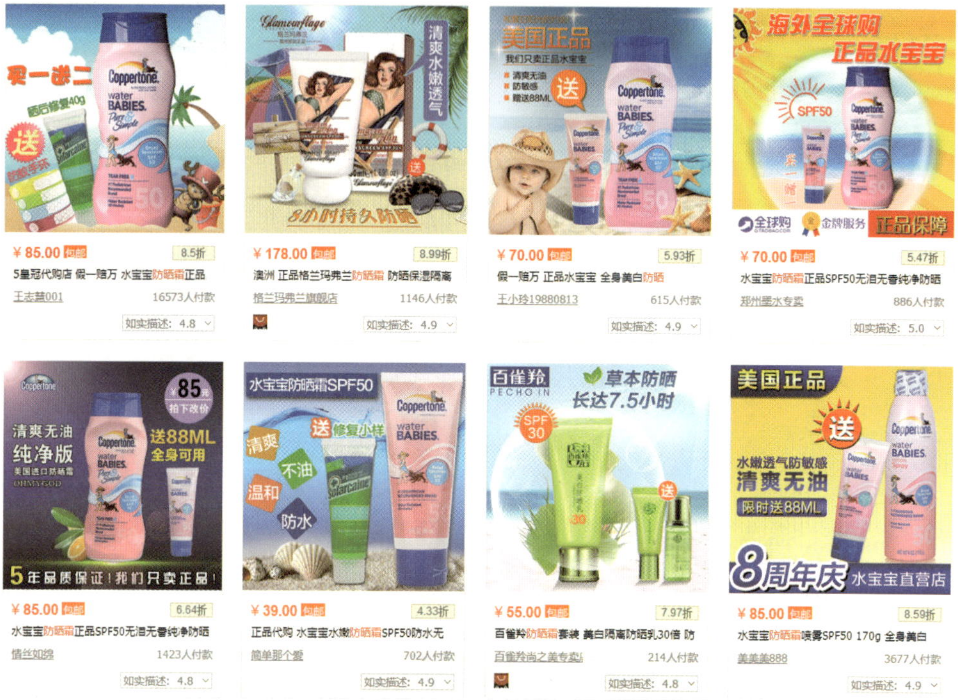

标明品牌 Logo、产品质量、特色等有价值的信息，买家会更有兴趣了解。

推广图页面色彩和谐。爱美之心人皆有之，一张色彩和谐、画面清晰的推广图，可以激发买家的点击欲望。

如上图所示的画面精致、背景绚丽的推广图，足够使该宝贝在万千的同类宝贝中脱颖而出，极具视觉效果的推广图足够吸引买家的眼球。

7.3 高点击率推广图的制作步骤

1. 定好文案。

2. 选好图片按技巧摆放好。

3. 完美烘托宝贝。

4. 调整文字，让其更和谐。

电商设计者在制作推广图的时候，要结合买家的浏览习惯，同时不要用大量文字覆盖宝贝，这样很容易影响宝贝展示的完整性。懂得选择合适的背景色，背景色不要太过复杂。对于文案展示的内容，一定要明确分析好宝贝和目标客户群。利用好推广图对于店铺的流量、展现、转化的促进作用，这些都会起到很好的效果。

设计者将这些思路作为制作推广图的基础，相信可以制作出一张满意的推广图。

OCCUPATION
— J-me —
维娜修身职业装
修身
免烫
镇店之宝
SHOP TREASURE
简米时尚商务套装
RMB:335

Chapter 8
高转化详情页技巧

宝贝详情页的好坏决定着店铺的整体转化，什么样的宝贝详情页才能提高买家的下单率呢？对于设计者，我们又该怎样抓住目标客户群的心理呢？宝贝详情页的排版到底有什么技巧？如何制作出一张高转化的宝贝详情页呢？带着这些问题，我们继续往下看。

宝贝详情页是店铺中与买家产生交集最多的页面，详情页的设计和排版对于买家的购买欲起着相当大的影响作用。如果把宝贝推广图比喻成美女的脸蛋，首图比喻成身材，那么，详情页就应该是内在美的灵魂。当我们认识一个新的朋友的时候，首先我们看到的是他的长相——脸，然后看到的是身材，如果外在给我们感觉不错，我们才会慢慢相处，了解他的内在美。了解内在美的同时，我们才会考虑要不要和他成为朋友。毕竟看人别光看脸，还要看心。宝贝详情页正如宝贝的灵魂所在，因此详情页在整体店铺运营中起着至关重要的作用。

直通车有流量但没转化，一直是淘宝卖家所忧愁的问题，转化率所关系到的因素太多，而宝贝详情页则是其中的一个大关键。以前很多店铺宝贝描述的第一屏基本都是做宝贝推荐，关联一大堆新品、热卖、搭配套餐等，这种做法不是不可以，但一定是不妥当。我们看一张思维导图来具体了解一下，详情页到底该如何布局。

店铺首页

店铺详情页

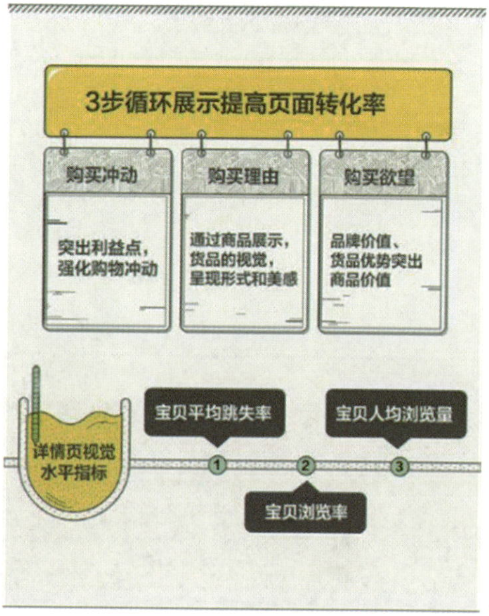

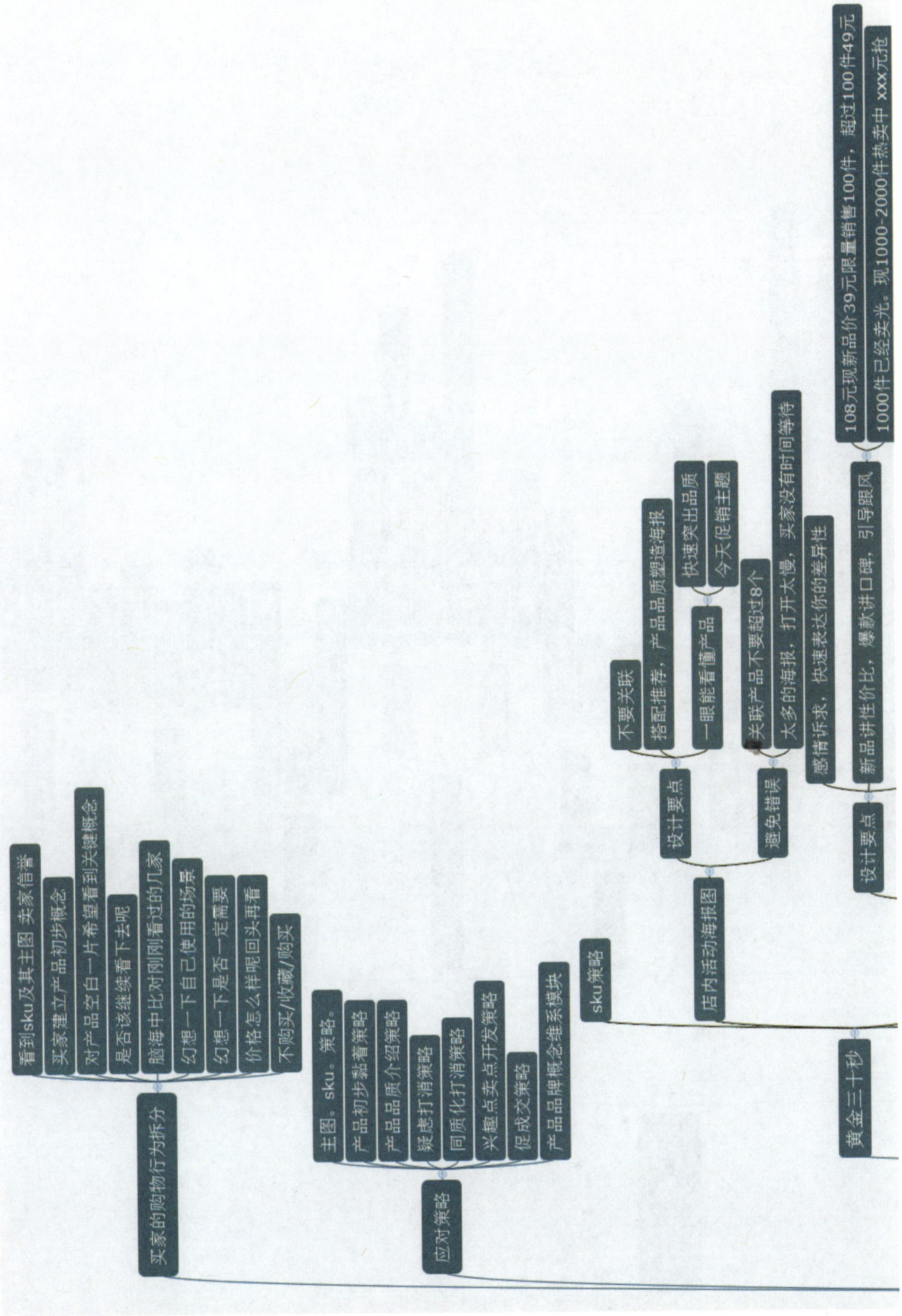
买家的购物行为拆分
看到sku及其主图 卖家信誉
买家建立产品初步概念
对产品空白一片希望看到关键概念
是否该继续看下去呢
脑海中比对刚刚看过的几家
幻想一下自己使用的场景
幻想一下是否一定需要
价格怎么样呢回头再看
不购买/收藏/购买
应对策略
主图。sku。策略。
产品初步黏着策略
产品品质介绍策略
疑虑打消策略
同质化打消策略
兴趣点卖点开发策略
促成交策略
产品品牌概念维系模块
sku策略
店内活动海报图
设计要点
不要关联
搭配推荐，产品品质塑造海报
一眼能看懂产品
快速突出品质
今天促销主题
避免错误
关联产品不要超过8个
太多的海报，打开太慢，买家没有时间等待
黄金三十秒
设计要点
感情诉求，快速表达你的差异性
新品讲性价比，爆款讲口碑，引导跟风
108元现新品价39元限量销售100件，超过100件49元
1000件已经卖光。现1000-2000件热卖中 xxx元抢

续图

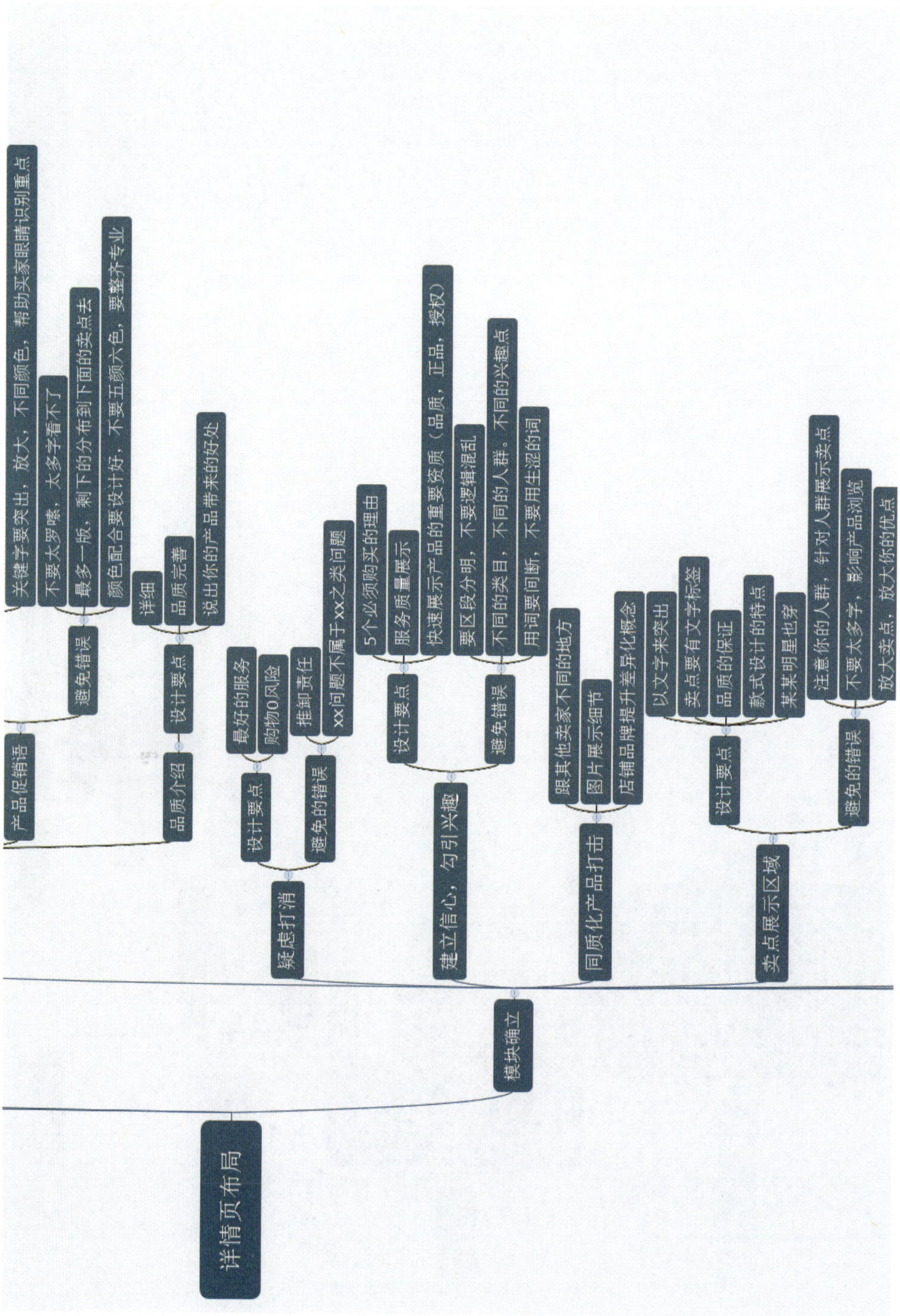
详情页布局
模块确立
产品促销语
避免错误
关键字要突出，放大，不同颜色，帮助买家眼睛识别重点
不要太罗嗦，太多字看不了
最多一版，剩下的分布到下面的卖点去
颜色配合要设计好，不要五颜六色，要整齐专业
品质介绍
设计要点
详细
品质完善
说出你的产品带来的好处
疑虑打消
设计要点
最好的服务
购物0风险
避免的错误
推卸责任
xx问题不属于xx之类问题
建立信心，勾引兴趣
设计要点
5个必须购买的理由
服务质量展示
快速展示产品的重要资质（品质，正品，授权）
避免错误
要区段分明，不要逻辑混乱
不同的类目，不同的人群，不同的兴趣点
用词要间断，不要用生涩的词
同质化产品打击
跟其他卖家不同的地方
图片展示细节
店铺品牌提升差异化概念
卖点展示区域
设计要点
以文字来突出
卖点要有文字标签
品质的保证
款式设计的特点
某某明星也穿
避免的错误
注意你的人群，针对人群展示卖点
不要太多字，影响产品浏览
放大卖点，放大你的优点

续图

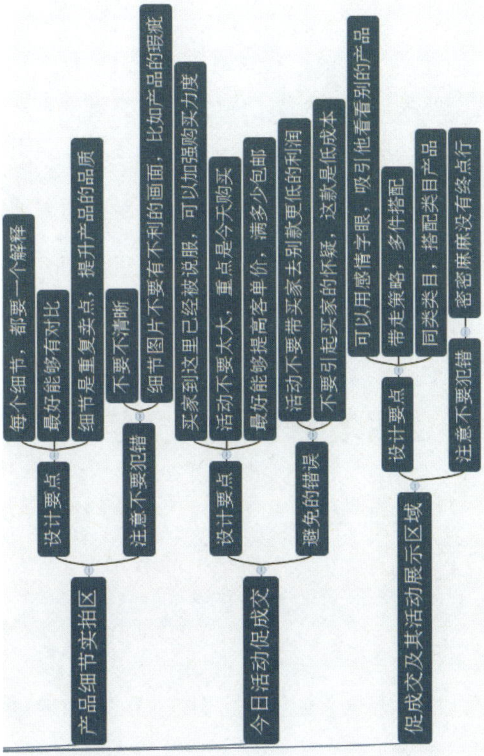
产品细节实拍区
设计要点
每个细节，都要一个解释
最好能够有对比
细节是重复卖点，提升产品的品质
注意不要犯错
不要不清晰
细节图片不要有不利的画面，比如产品的瑕疵
今日活动促成交
设计要点
买家到这里已经被说服，可以加强购买力度
活动不要太大，重点是今天购买
最好能够提高客单价，满多少包邮
避免的错误
活动不要带买家去别款更低的利润
不要引起买家的怀疑，这款是低成本
促成交及其活动展示区域
设计要点
可以用感情字眼，吸引他看看别的产品
带走策略，多件搭配
同类类目，搭配类目产品
注意不要犯错
密密麻麻没有终点行

详情页是提高店铺整体转化的第一步，我常常把一张好的宝贝详情页比喻成一位优秀的店铺推销员，面对各类刁难的客户，总是可以用精彩的话语打动消费者，提高销量。2015 年的电商时代是视觉时代，一张用视觉传达出宝贝特点、相关信息的优秀详情页，对转化起着至关重要的作用。对于详情页，我们需要掌握哪些信息呢？

8.1 买家需要了解哪些信息

作为电商设计者在制作详情页时，不能选择跟着感觉走这样随心所欲的方法，而是了解我们的目标客户群，买家想看到什么样的信息，什么样的信息可以打动买家，这里就要展示什么样的信息。对于买家来说，宝贝详情页需要体现宝贝的功能和用途是什么？这款宝贝是否适合我？宝贝附件清单有哪些？宝贝规格型号信息、产品的特点和卖点是什么？宝贝的图片是否清晰等，这些都是买家所关注的问题，需要我们设计者在详情页上具体体现。

8.2 使用增强信心的文字

从营销的角度上来讲，使用增强信心的文字称为“抢占心智最高点”，从宝贝本身定位上来说，即使没有第一也要造出一个第一来。从我们的宝贝卖点和特性出发，一定可以挖掘出一个独特的宝贝卖点，并加以放大。

生产日期: 2014-07-02 至 2014-07-11
根据《中华人民共和国进境物品税率表》，此商品的适用税率为10%
天猫国际购物小贴士
客服热线：400-843-2288 周一至周日 09:00-24:00
100%原装正品
我们承诺100%海外原装正品。产品符合海外质量标准，与中国标准可能有差异，选购时请注意。
100%海外直邮
商品从大陆（不含港澳台）以外的国家或地区发出，且有第三方物流公司提供从商家发货地到消费者目的地完整物流状态信息。国际物流周期较长，一般需要14个工作日到货。
提交身份证图片
天猫国际商品需清关后入境，根据海关相关规定，请您配合卖家通过旺旺提交收货人身份证正反面照图片进行入境申报。
关税
海外直购商品需依法向中国海关申报及纳税，如产生税金，将由商家承担。如您已先行支付，请根据纳税凭证向商家报销该费用。
支持境内退货
如您收到商品后因有质量问题，或因不满意与商家协商一致后可以退货到商家指定的境内地址。
中国
美国
密苏里海外专营店
MISSOURI
100%美国直邮
海关监管 品质保障
打造天猫代购第一品牌
天猫国际的商品需清关后入境，根据海关要求必须要提供身份证正反面照片，进行个人物品入境申报，拍前没有提交的，请拍后补上，否则本店没办法发货，谢谢亲们对本店的厚爱和理解！

8.3 宝贝详情页的优化原则

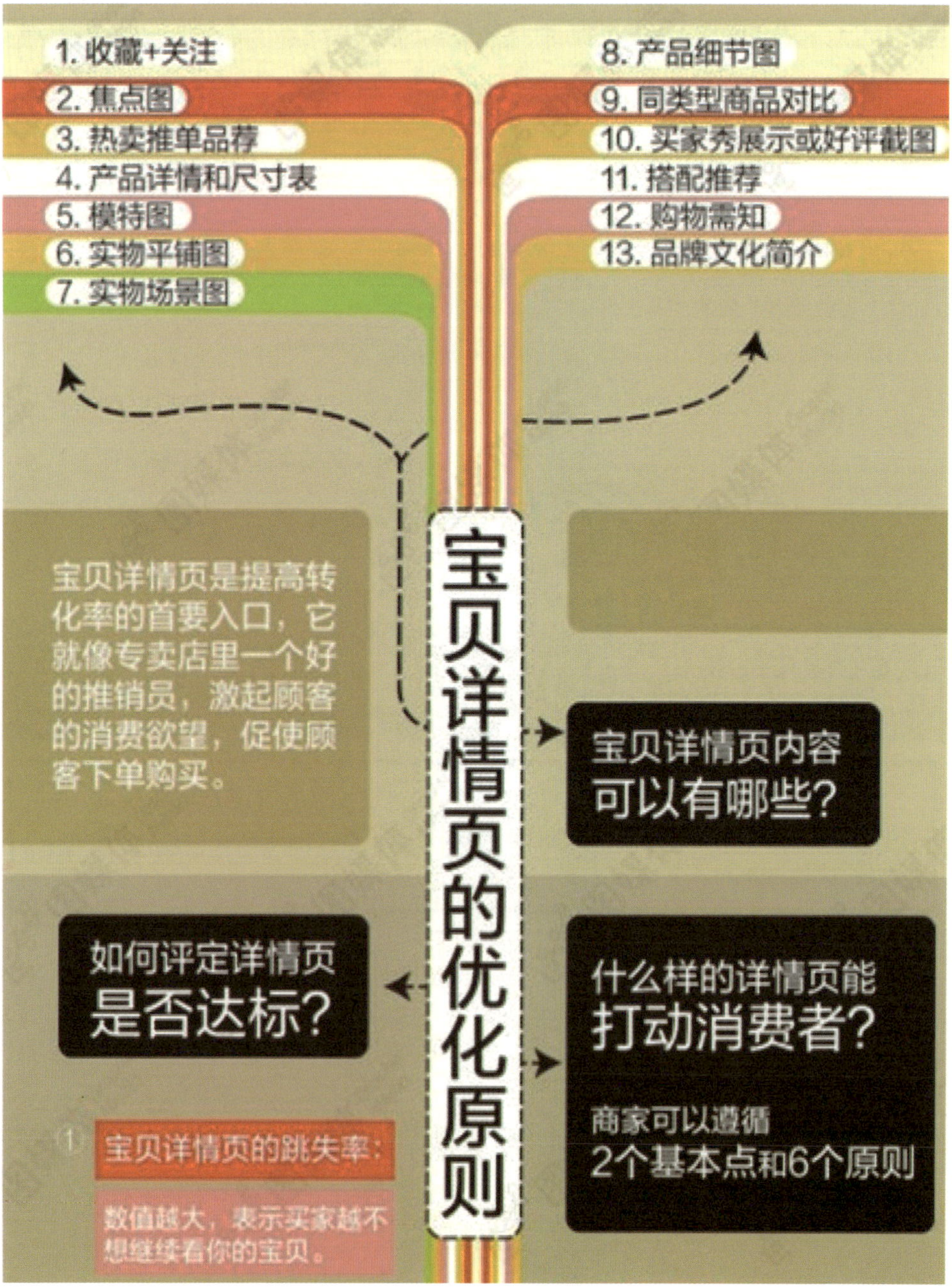

上图来自天下网商图媒体

续图

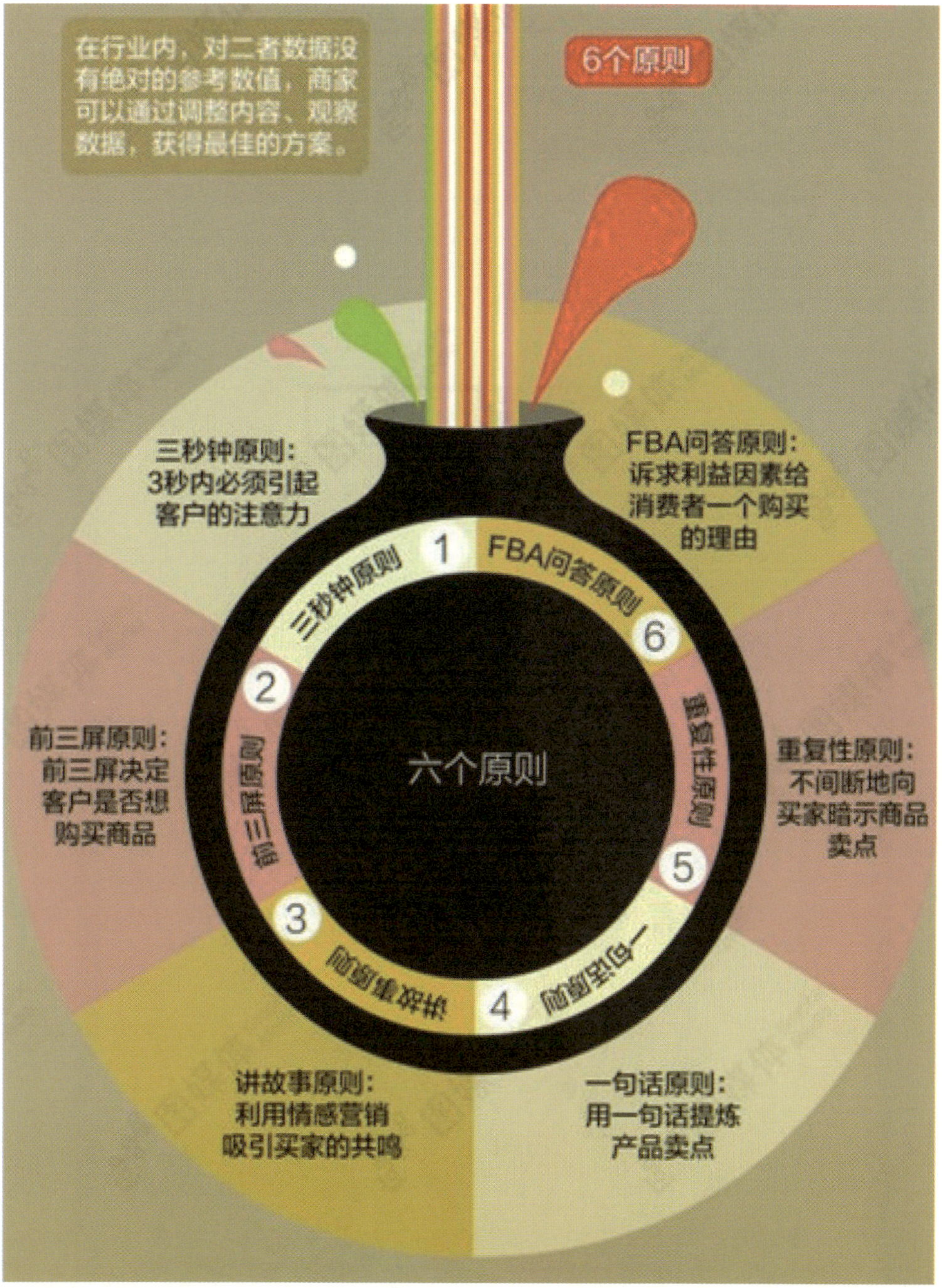

上图来自天下网商图媒体

8.4 宝贝详情页的展现规则

头图

指宝贝详情的第一部分。作用是瞬间传递商品以及店铺信息，用最短时间使买家产生继续浏览的欲望，因此在该部分可以尽情展现商品特色、店内其他热销商品等情况。

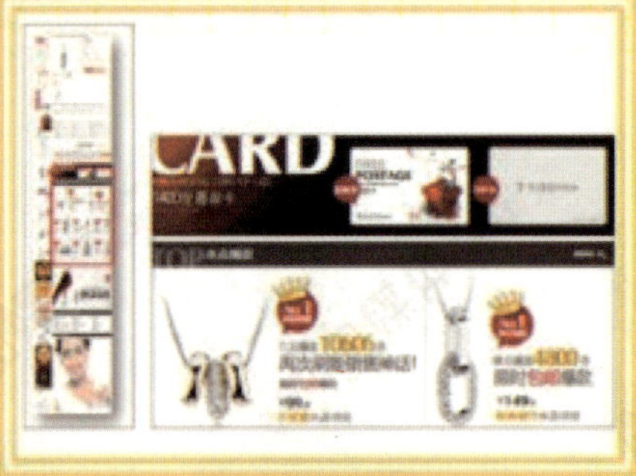

铺垫

指商品的卖点展现。作用是多维度展现利益点，吸引买家继续浏览。因此在该部分要体现出商品的卖点及与买家之间的关系。

上图来自天下网商图媒体

正文

指商品的细节展示。作用是让用户把视线集中在商品上，通过平面的网页感知到立体的商品，吸引买家继续浏览。

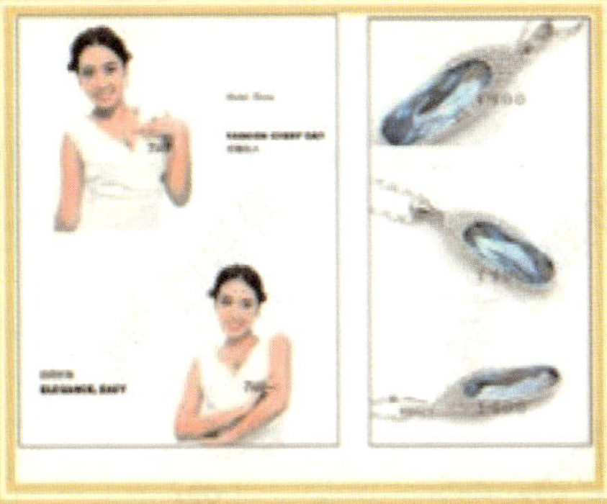

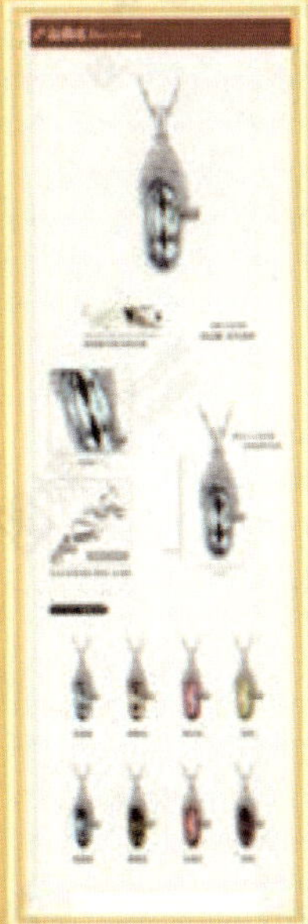

分析

指商品的补充分析。作用是在买家产生购物冲动之后，让买家有理性购物的思考空间，更好地避免不必要的售后纠纷。

上图来自天下网商图媒体

余韵

指商品的二次购买引导。作用是通过产品文化展现、其他关联商品推荐、更多增值服务介绍等，在买家理性分析之后达到“促成成交”的最终目的。

总结

宝贝描述是证明商品价值的一种形式。因此，从买家的角度出发更容易打动买家！

上图来自天下网商图媒体

一些商家有疑虑：我的详情页包含完整的11模块，为什么转化率仍然很低？排除价格因素和用户的理性或感性程度的区别，买家对详情页的浏览习惯也是重要指标。而未来，我们还必须考虑在移动互联网多终端登录的条件下买家对详情页的接收习惯，几屏最能令买家留步？

1

停留时间并不代表用户的实际浏览时间，所以我们的宝贝详情页内容过多的话，光加载时间就让买家等了很久，没等你的图片刷新完毕，用户就把页面关掉了。

买家在详情页的停留时间

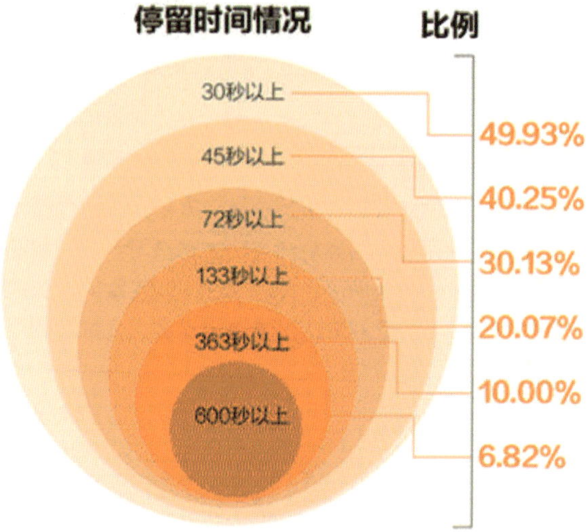

买家在详情页平均停留时间是**70秒**，**50.07%**的买家看了不到**30秒**就把页面关掉了！

2

此处数据虽以PC端买家使用为基准，但同时我们也应该兼顾移动终端的使用感受，像标杆卖家的手机淘宝详情页通常显示为**4屏**，多终端的使用体验更优。

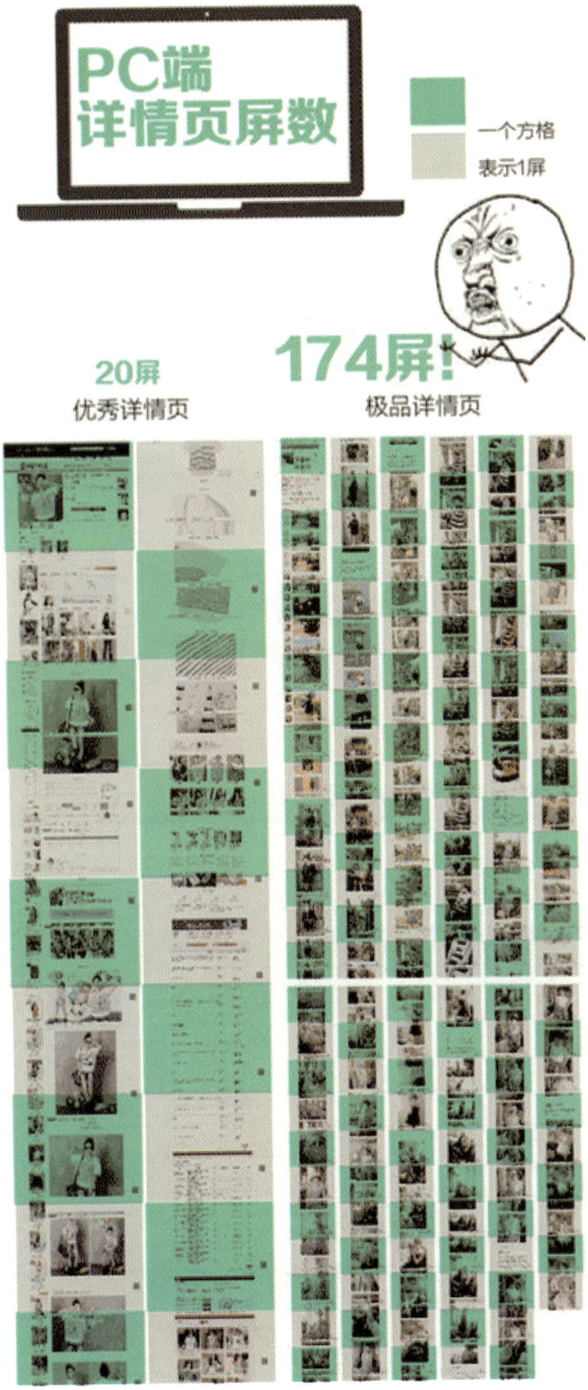
PC端
详情页屏数
一个方格
表示1屏
20屏
优秀详情页
174屏!
极品详情页

移动端详情页屏数

一个方格表示1屏

注:我们通过Chrome浏览器登录淘宝网触屏版，此处的屏数指手指滑动一下的次数，样机使用Google Nexus 4

优秀详情页　**4页10屏**

极品详情页　**46页80屏!**

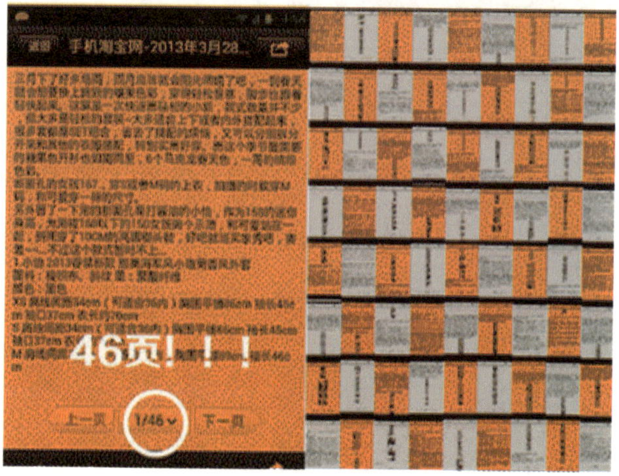

买家在详情页面的浏览屏数（PC端）

浏览屏数	pv占比
2屏以上	48.02%
4屏以上	34.91%
8屏以上	20.31%
13屏以上	10.73%
19屏以上	5.23%
35屏以上	1%

3

官方建议的详情页图片使用极限

如何设计宝贝详情页？

1

收藏＋关注

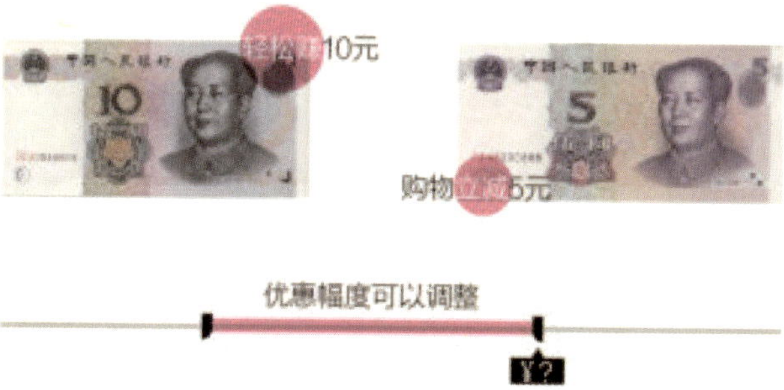

2

焦点图

3

推荐热销单品

3~4个必须是店铺热卖单品，性价比好的

4

产品详情+尺寸表

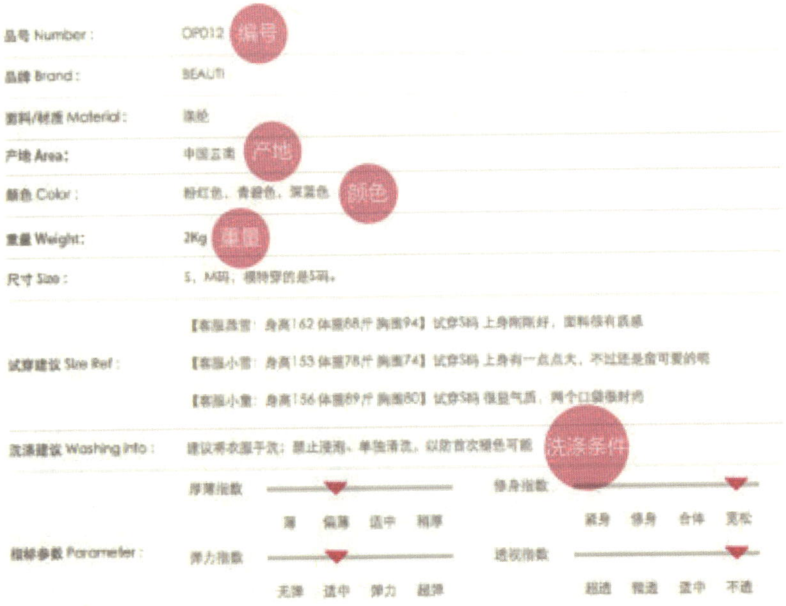

尺码表
SIZE CHART」

*平铺尺寸请留意，因测量手势不同，尺码可能相差1-3CM

尺码	衣长	肩宽	胸围	摆围	腰围	袖长	
S	77	34	86.5	97	70.5	30	
M	79	35	89.5	100	73.5	31	
L	81	36	92.5	103	76.5	32	
XL	83	37	95.5	107	79.5	33	

尺寸表

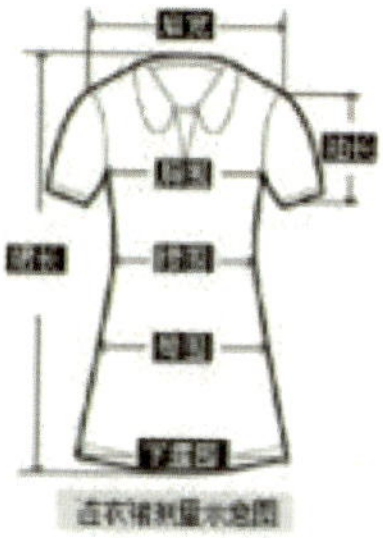

5

模特图

一张正面

一张反面

一张侧面

6

实物平铺图

衣服的颜色种类展示出来，不同的颜色代表什么性格或者展示什么风格

7

场景图

模特在不同的场合角度，引起视觉的美感

8

产品细节图

袖子、拉链、吊牌位置、纽扣、帽子等

9

同类型商品对比

10

买家秀展示或者好评截图

11
搭配推荐
不要和上面的推荐重复
搭配推荐

12
购物须知
/退换货说明
POST
POST
邮费、发货、退换货、衣服洗涤保养、售后问题等

Chapter 9
把控跳失率，拒绝“裸奔”首页

首页是一个店铺的门面，我常这么比喻如果把淘宝店铺比作一个美丽的女子，那么，店铺首页就应该是女子性感的身材，无时无刻不在展现着店铺的魅力。关于首页布局有四大元素，陈列、分类、导航、店招，这四员大将支撑着店铺的首页大局。曾经有人说过，“布局排版虽然只是内容的表现形式，但却能决定浏览者对内容的态度。”，从这句话中就足以看出布局排版在首页设计中的重要性。

一个首页从简单到丰满，从布局中就可以看出一位设计者的设计水平，以往的首页布局大家都会依照传统的比例布局原则去排版，所以大多数店铺首页也都是千篇一律的，毫无新意而言。现在这种千篇一律的首页布局已经让买家产生了视觉疲劳感，当今的电商是视觉时代，每一位消费者也都是视觉动物，因此设计者必须做出更多的创新和改变，才能跟上电商流行设计的趋势。

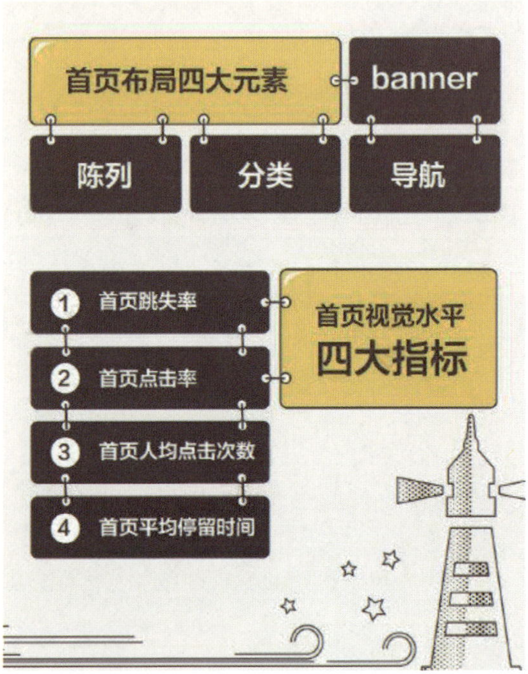

9.1 首页视觉水平的四大指标

判断一个首页是否合格，可以从这四大指标来体现：首页跳失率、首页点击率、首页人均点击率、首页平均停留时间。

9.1.1 首页跳失率

首页跳失率是指，买家通过某种渠道进入店铺，只访问了一个首页就离开的访问次数占该入口总访问次数的比例称为“首页跳失率”。运营者需要随时观测店铺的各个数据，根据数据情况对页面经行调整。

首页跳失率 = 首页跳失人数 / 首页访问总人数

根据店铺规模和所售卖宝贝的类型，我们可以给出这样的判断标准，如上图所示是一家四钻女装店铺的首页数据，从数据中可以看出首页跳失率为 68%，这属于正常范围，不用优化。心级店铺，跳失率在 70% 属于正常，不需要进行优化；冠级店铺如果跳失率在 60% 以上，那么，就需要考虑是否是海报设计和宝贝信息的问题了，需要根据具体数据做出相应优化调整。

买家进入店铺的首页渠道有很多，大致可以分为四种渠道。

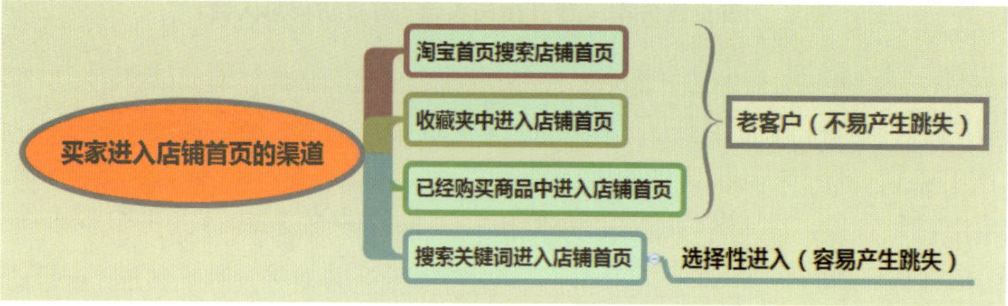

买家从淘宝首页直接搜索店铺进入首页；从收藏夹中进入店铺首页，以及从购买商品中进入店铺首页，通过这三种渠道进入的买家一般都属于老客户，不易产生跳失率。另外一种买家通过搜索关键词进入店铺首页的为选择性进入，容易产生跳失率。

9.1.2 首页点击率

点击率是衡量一个店铺形象的重要指标，如果是新店刚装修完的，只要首页装修得不是很差，点击率都会较高，毕竟新品比较多，买家的点击量也会增多。

店铺首页承载着导流和分流的重要作用，因此对于不同类型买家的关注点和需求点也不同，所以首页的前三屏设计就显得更加重要。

我们观察一些店铺的首页，大致可以分为两类：首页罗列出各种花枝招展的宝贝，总希望可以有一款宝贝可以吸引买家眼球；店铺首页没有单品宝贝展示，都是以全屏宝贝海报的形式引导为主，吸引买家。

利用“生意参谋”提供的首页热力图，可以对某些类目的店铺首页点击率分布热图进行分析，我们发现以下共同的特点。

首页宝贝点击分布不均衡，店铺的爆款和同类别的宝贝，点击率也不高。

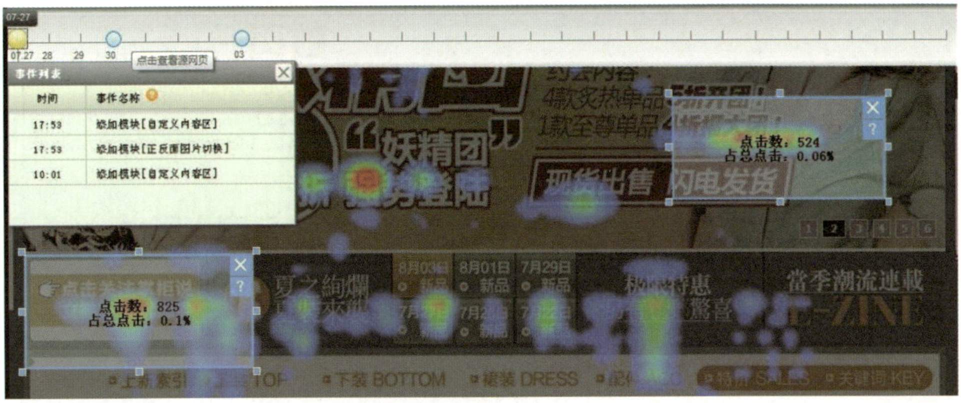

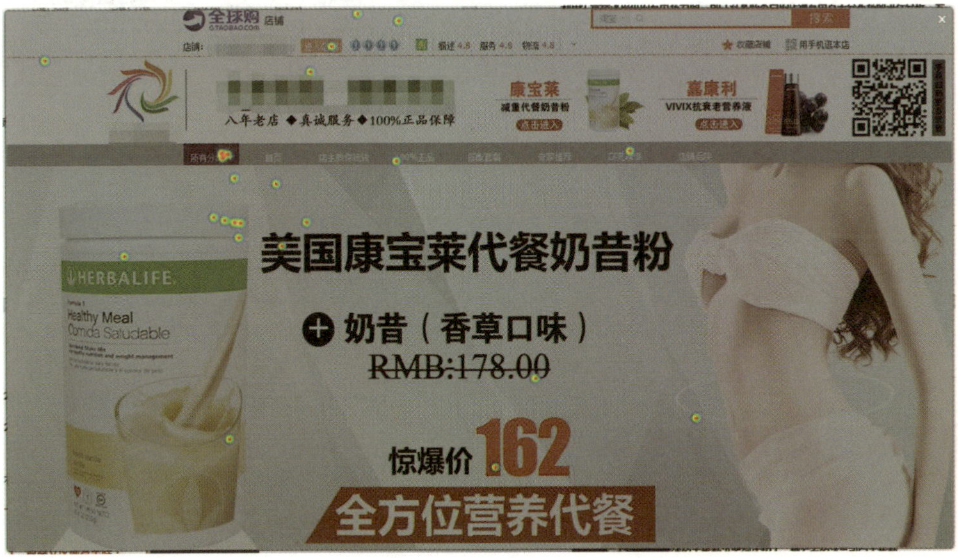

这个现象很值得店铺运营者思考，单品宝贝的点击率普遍偏低，这说明宝贝对消费者产生的兴趣不够大、刺激不够强。那么，什么样的首页排版设计，可以激发买家的深度访问，提高单品宝贝的转化率呢？

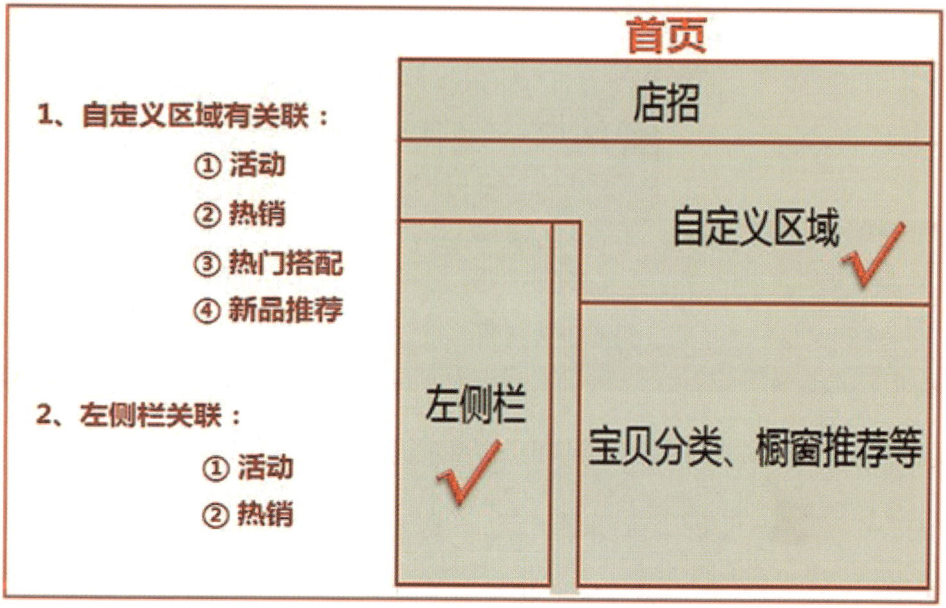

这是很多数店铺的首页构架图，自定义区域是做关联推荐比较好的区域，可以添加热销宝贝的轮播海报图，或最新促销活动，也可以用作新品上架的展示区，提高新品宝贝的曝光率和转化率。

9.2 店招的作用和效果

店招是店铺的灵魂所在，是企业文化的浓缩，也是店铺流量分配的第一站，买家进入店铺的第一眼就会锁定在店招上。店招上可以体现品牌、文化，或者是主推款、爆款的促销内容。例如，很多店铺的设计者都选择了动态效果，这样可以更好地吸引买家，因此各位设计者一定要好好把握店招的设计。

9.3 首页前三屏设计技巧

“生意参谋”的大量数据表明，首页前三屏的点击率很高，买家的主要精力都会放在前三屏，因此设计者要让买家在前三屏找到他们想要的宝贝。在设计的过程中，设计者要把主要精力放在前三屏，首屏位置可以放新品、主推款、爆款的轮播海报；作为首页位置最佳的第二屏，可以放置店铺的潜力款宝贝。通过这几款宝贝进行数据总结，定期优化更新。

我们可以把客户分为新客户、老客户、目标客户、没有目标客户，无论是新客户还是老客户都会对促销优惠信息感兴趣，所以，店铺的活动促销海报可以放到首页显眼的地方。

简单总结一下前三屏的设计要点：要合理布局、减少页面的复杂感、增加宝贝展示率、合理化价格、减少跳失率。

9.4 店铺装修误区

很多中小卖家的店铺在装修上有四大误区，如果设计者可以改善这些误区，相信店铺会获得不错的点击率和浏览量，也可以获得更多不错的销量。

- 图片尺寸过大，导致加载速度很慢。现在是高效率的时代，我想大多数买家没有耐心等待你的图片加载，如果首页超过 2 分钟没有加载完，我想买家是不会进行深度访问的。
- 店铺首页色彩搭配凌乱，颜色过于鲜亮刺眼。导航凌乱，不够清晰明确。
- 店铺首页没有风格主题，设计者跟着感觉设计首页。这样的首页估计很少有卖家会买单吧，毕竟你设计的首页是针对买家和目标客户群的，不是供自己欣赏的。掌握买家心理才是设计的关键。

· 店铺首页排版过于复杂，整体篇幅过长。首页尽可能简单扼要，让买家在1分钟左右的时间内快速浏览完。太长的首页，买家会失去耐心。减少宝贝详情页的流量入口，避免造成流量分流。

首页宝贝展现的时候，可以利用字体、字号、颜色、效果等方式来突出宝贝卖点，有针对性地向老客户群体推荐店铺爆款、主推款、潜在销量款。对于新客户群体，可以增加宝贝商品的描述。新客户群体在对店铺没有了解的情况下，主要关心的还是宝贝的热销程度，以及用户口碑。如果推荐宝贝的时候，想同时针对老客户和新客户群体，那么就要在宝贝视觉设计和宝贝文案、销量、折扣促销上进行优化，迎合消费者心理，引导消费者深度访问。

Stylish Summer
型夏主张
这么穿
7
20
40
包邮
新品首发
TOP
U型
内裤里的秘密
热销王牌
“乳沟皇后”
热销15000件
超级购物家
夏日新品 限时特惠

做赚钱的店铺
这是你唯一的机会
手把手
教你提升排名
全网首家一对一辅导式培训
圣淘精英班开课了！
这些问题
是否也是你前进的
绊脚石？
FINALLY WAIT UNTIL YOU
终于等到你
真正为你量身打造的强大升级课程
一步一步教你玩转电商实战！
精英课程班正在向你逼近-你怎能say no!!
圣淘精英班课程表

9.5 首页设计中运用的色彩搭配

色彩搭配已经成为店铺视觉营销的重要因素，从店铺装修主题色调的选择，到产品宝贝的主题配色，色彩搭配已经成为店铺装修中不可缺少的角色，色彩对于店铺整体和宝贝都有着视觉营销的转化作用。那么，如何利用视觉营销实现店铺首页的分流和导流作用，这已成为大多数中小卖家所深思的问题。

精美图片对买家的吸引力往往超过文字，但是清晰的粗体大字也能起到吸引买家的作用，但是，切忌只顾页面美感，而忽略店铺的本质（营销）。色彩过分鲜艳如果没有动感就容易显得呆板，色彩过分律动就造成了“张扬秀场”的信息误递，从而导致客户流失或与潜在客户擦肩而过。

在店铺首页设计中，我们不仅仅要做到在设计中突出店铺风格和主题，还要根据主题进行合理的店铺整体排版布局。如果说，贴合店铺风格的页面设计是吸引顾客的关键，那么，清晰的引导便是留住顾客要点。